道
DAOSHAN
善

道　善　则　得　之

人与经典文库

# 人与经典

# 韩非子

高柏园 著

花山文艺出版社

河北·石家庄

图书在版编目（CIP）数据

人与经典·韩非子 / 高柏园著. —石家庄:花山
文艺出版社, 2022.9
（人与经典文库 / 张采鑫，崔正山主编）
ISBN 978-7-5511-6245-6

Ⅰ.①人… Ⅱ.①高… Ⅲ.①《韩非子》—研究
Ⅳ.①B226.55

中国版本图书馆CIP数据核字(2022)第146047号

丛 书 名：人与经典文库
主　　编：张采鑫　崔正山
书　　名：**人与经典·韩非子**
著　　者：高柏园

策　　划：张采鑫　崔正山
责任编辑：张采鑫　李　鸥
特约编辑：王卫华
责任校对：李　鸥
装帧设计：东合社-安宁
美术编辑：胡彤亮
出版发行：花山文艺出版社（邮政编码：050061）
　　　　　（河北省石家庄市友谊北大街330号）

销售热线：0311-88643221
传　　真：0311-88643234
印　　刷：北京天宇万达印刷有限公司
经　　销：新华书店
开　　本：880×1230　　1/32
印　　张：9.5
字　　数：190千字
版　　次：2022年9月第1版
　　　　　2022年9月第1次印刷
书　　号：ISBN 978-7-5511-6245-6
定　　价：50.00元

## 一、今天我们为什么要读经典

意大利作家卡尔维诺（1923—1985）在《为什么读经典》这本书中，第一句话就说："经典就是你在重读的书，而不是你刚开始读的书。"这句话的意思是说，读经典不是只读一遍而已，而是要一读再读。卡尔维诺接着说："对于没有读过经典的人来讲，尤其重要，因为这是他重读的开始。"

那么我们该如何读经典呢？美国文艺评论家乔治·斯坦纳（1929—2020）在他的回忆录中的一段话很值得我们参考。他认为，我们在读经典的时候，应该注意三件事。第一，"我们要很清楚地知道经典在问我们：你读懂了吗？你知道我在说什么吗？你知道我想说什么吗？你知道我为什么要这么说吗？"换句话说，对于经典我们不只是读其表面意思，大概了解一下就行了，其实微言背后总是包含着大义，《中庸》说"人莫不饮食也，鲜能知味也"，就是这个意思。第二，他说："你既然知道经典在问你问题，你有没有运用你的想象力来回答？"意思是你要回答问题，就要发挥想象力与思考力，即《中庸》里所强调的"慎思之，明辨之"。第三，"你既然用你的想象力回答了问题，你自己在这个过程中有着怎样的收获？而这个收获将会使你产生哪些改变？"这就是孔子所强调的"闻义而徙"与"知之为知之"。读经典绝不能以望文生义的思维习惯去读字面的意思，读经典的目的是在启发你、接引你，发现自我，蒙以养正，最后让你有所改变，有所提升。

所以，我们读经典，应该深入其文本，思考文本的意涵到底在说什么，以及为什么要这样说，想象并体会作者在取材、书写时的思虑与用心，仿佛自己身临作者的境地，然后才能够代入自身体验，有所感动，进而化成行动——经典的阅读应以这样的态度来进行。


## 二、"人与经典"丛书的特色

"人与经典"丛书是一项人文出版计划。这项计划旨在介绍广义的中国经典作品，以期唤起新一代国民对中华文化的自信心，从而激发每个人生生不已的生命精神。取材的方向主要来自文学、历史、哲学方面，介绍的方法是对这些伟大作者的其人其事做深入浅出的概要介绍；以浅近的解析赏评为核心，并辅以语译或综述。"人与经典"强调以下三个特色：

其一，从人本主义出发，突出人文化成的功效，我们更强调"人"作为思考、践行，以及转化并提升生命、丰富生活的关键因素。

其二，我们不仅介绍经、史、子、集方面的经典，同时也试图将经典的范围扩大到近现代的重要作品。以此，我们强调重新诠释经典在为往圣继绝学，以及承先启后方面所产生的日新又新的时代意义。

其三，紧扣文本，正本清源解经典，不强调撰写者的个人感受，而特别体现出撰写者对经典的创新性解读与创造性转化的理念。

因此，今天我们重新解读经典与学习经典不应只是人云亦云。我们反而应该强调经典之所以能够流传长久，正因为其蕴藏的天人合一之常道及通古今之变的变道，每每成为后人温故而知新，以及经世致用的焦点，引起一代又一代人的思考与传承。只有怀抱这样对体用结合、形式与情境的自觉，我们才能体认经典所涵括的对传统的承继、人文精神的转换，以及政治理念、道德信条、审美意识的取舍等价值。

文学批评家萨义德（1935—2003）指出，经典的可贵不在于放诸四海而皆准的标杆价值，而在于经典入世的，以人为本、日新又新的巨大能量。

从《易经》《论语》《道德经》《诗经》《楚辞》到《左传》《史记》，从李白到曹雪芹，中国将近五千年的文化传统虽然只能点到为止，实已在显示古典历久弥新的道理。

人文是我们生活或生命中不可或缺的一部分。传统理想的文化人应该是文质彬彬，然后君子，若转换成今天的语境或许该说，人文经典能培养我们如何在现代社会里做个温柔敦厚、通情达理、知进退存亡而不失其正的真君子。

张采鑫　崔正山

2022 年 1 月 1 日

扫一扫
进入课程

目录

扫一扫
进入课程

## 一、序曲

首先，我要恭喜各位读者读到这一篇导读。不是因为这篇导读写得特别好，而是因为各位愿意不断追求生命的惊奇与意义，因此才会读到这篇导读。知音难寻，我想我应该用这篇导读，来响应各位对于知识、理想的探索与热情，正所谓"至情只能酬知己"。其实，不单只是这一篇导读，整本《韩非子》都是对各位的至性至情的一种邀请与对话。这样的说法，我们从《韩非子》本身，也可以得到一些线索。

面对经典，我们按例总会先说明其人其书，而各位眼前这本《韩非子》及其作者，既是奇书又是奇人。今天，当读者们打开了韩非心灵之窗的同时，也证明了各位正是具有奇人的不凡气质。我相信，韩非一定会以有各位这样的读者而感到欣慰与骄傲；而在各位与韩非热情对话的同时，也正是生命成长提升的表现。每每想到这一幕，我都会有一种莫名的感动，而这样子的感动，也让我觉得作为本书作者的确与有荣焉。能够与这么多的奇人读者相视而笑，莫逆于心，也是一种不可思议的福报与缘会啊！是的，当我写这篇导读的时候，心情很愉快，甚至有一些激动。


## 二、知人论世

读其书而不知其人，可乎？这就是所谓的知人论世。中国的学问其实都是一种生命的学问，因为是生命的学问，因此，学问必然与作者的生命息息相关；同时，这也是读者能够真正了解经典及其作者的重要指标。

现在，让我们看看韩非这个人。

韩非的生卒年，大约是公元前 280 年至公元前 233 年。韩非死后四年，韩国即亡于秦国之手。韩非是韩国的公子，也就是王室贵族，与李斯都是荀子的得意弟子，但是两人的风格与性情十分不同。韩非具有真诚的性情与远大的理想，与儒家思想有一定的关联性，忧国忧民是韩非最主要的生命关怀。对于韩国的积弱不振，韩非有着深刻而通透的反省，曾经多次上书韩王提供救国之道，但并没有被接纳。眼见韩国内忧外患，情势危急，心情十分孤独而忧愤，这就是为什么韩非会有《孤愤》《五蠹》这样痛切的篇章。其实《韩非子》中所描写的内容，就是韩国当时的境况，我们可以说，在主观的情感上，韩非对于祖国是有深刻而强烈的感情的。但是李斯就纯粹只是一种游士政客，完全以现实的利益为核心，并没有韩非这样真诚的热情与理想，这也就看出两人在品格及其价值上的高下。韩非可以说是"知其不可为而为之"的悲剧英雄，而李斯则只是以现实的得失为主要关怀，缺少超越性的理想与坚持的功利之辈，这也就是他日后会与赵高勾结，进而导致杀身之祸的原因。

人生无常，历史昭昭，感慨深矣！知识分子如果没有理想与热情，也就无法决定自己的价值与命运，这就是李斯与韩非两人的生命故事所带给我们最深刻的反省与启示。


## 三、韩非其人其书

就客观地位而言，韩非是韩国的王室贵族，但是并没有受到应有的重视。同时，就个人主体而言，韩非"为人口吃，不能道说"，但是著书立说却是文情并茂，义理深刻，鞭辟入里，完全契合当时的时代与政治需求。这也难怪秦始皇读了韩非的书大为赞叹："嗟乎！寡人得见此人与之游，死不恨矣！"诚可谓韩非之知音也。但是，也正因为韩非如此地被欣赏、肯定，而造成了李斯的不安。于是李斯以韩非毕竟为韩国人，终必将以韩国为优先考虑为由，劝请秦始皇斩草除根，以免后患，而将韩非毒死在云阳的狱中，结束了韩非忧患的一生。这正是"匹夫无罪，怀璧其罪"的血泪例证之一了。

文人相轻，自古而然。天才正因为其为大才，往往看不到别人的优点与价值，也就会不自觉地自我膨胀，进而造成自己生命的限制与封闭。有关朋友论学，在历史上最为人们所津津乐道的，就是庄子与惠施的相知与互动了。"惠施多方，其书五车"，庄子虽然欣赏惠施之才美，但对惠施的自以为是而感到惋惜。惠施曾担心庄子取代自己在国家中的政治地位，也曾反驳庄子对于"鱼之乐"的肯定，但是庄子都以智慧的语言加以化解。因此，两人虽有理论与价值观念的差异，但毕竟还能相安论学。但是李斯与韩非则是卷在现实政治的漩涡之中，攸关生死利害之际，也就很难保有庄子与惠施的相知与情谊了。

再看看韩国，韩国地不足千里，在战国七雄中最为弱小，而又介于大国之间。西有强秦，东有齐国，北与魏为邻，南与楚相望，无论是秦有事于六国，或六国有事于秦，韩国都在夹缝之中，进退两难，处境危殆。韩非深刻明了"弱国无外交"的道理，因此，无论是连横还是合纵，其实都是一柄双刃剑，唯有国富兵强，以真正的实力为基础，才能保障韩国自身的持续发展。

基于这样的理由，韩非以"法术之士"自居，所谓"法术之士"，是法家思想中一种非常特别的自我定位："知术之士，必远见而明察；不明察，不能烛私。能法之士，必强毅而劲直；不劲直，不能矫奸。"也就是说，身为法术之士，我们一定要有未来观与远见，以及对现实事物的充分掌握，如此才能破除个人的私心，以保障国家公共的利益。同时，有了远见与明察，更要能够有执行力，因此，一定要有坚强而勇毅的精神，以刚直的行动排除种种的不法行为，这就是法术之士的自我定位。当然，这样的定位肯定会与既有的利益团体产生冲突，因此，法术之士虽然勠力为公，但是在现实中往往受到种种的压迫甚至杀戮，商鞅与韩非都是血淋淋的例子。即使如此，韩非依然坚持他的理想，不因个人安危得失而妥协，这就是韩非值得我们肯定与敬佩的地方。我一直认为韩非是寂寞的，太多人都只是以法家来看待韩非，却没有深层认识这样一位伟大的思想家与政治家。

了解了韩非其人，也让我们来了解《韩非子》其书。

就《韩非子》的版本而言，近代中国各家校释《韩非子》，始于光绪二十二年出版之王先慎《韩非子集解》，而后在1940年有陈启天先生的《韩非子校释》，1963年有陈奇猷先生的《韩非子集释》。王先慎与陈奇猷的版本，仍然是以古本的篇次加以注解，而陈启天的《韩非子校释》则是根据《韩非子》中篇章的重要性与可信度排列其先后次序，这里就兼顾了考据与内容方面的次序。因此，各位读者可以先以陈启天的《韩非子校释》，作为《韩非子》原典的基本依据。

至于《韩非子》的内容可大分为四类：第一类是有关法家的思想理论部分，例如《显学》《五蠹》《难势》《定法》等，都是非常重要的篇章。第二类是韩非对于政治与历史案例的收集、解析与建议，例如《难一》《难二》《难三》《难四》，以及《内储说》《外储说》《说林》等篇章，都是为提供领导者施政的具体参考而作，具有强烈的故事性与说服力。第三类则是关于道家思想的掌握与应用，例如《解老》《喻老》是直接对于《老子》一书的理论说明与案例解析。此外《主道》《扬权》《大体》《观行》等篇，也都是以道家思想为基础的政治智慧。第四类就是韩非对现实政治的响应与作为，例如《初见秦》《存韩》都是这类作品。面对如此丰富而精彩的作品，各位读者是否也像我一样，有着一股莫名的兴奋与感动呢？

## 四、读《韩非子》的四大理由

"大江东去浪淘尽，千古风流人物。"的确，世间的"人"很多，可是"人物"很少，所谓"人物"，就是要拥有生命特有的格调与不凡的气质。所谓"遥想公瑾当年"，现在，我也邀请大家一起"遥想韩非当年"，只是毕竟时过境迁，也只能靠史料而有所想象，供人凭吊而已。所幸的是，虽然不见韩非其人，但却可读韩非其书，也可稍补遗憾。

为什么要读韩非这本书呢？因为如果我们不读《韩非子》，就无法了解中国政治思想的实质内容与发展方向。凭什么这么说呢？理由有以下四点：

第一，内圣外王是中国传统文化与知识分子的精神方向，这是一种理想主义的情怀。但是就现实而言，王者不一定是圣者，因此，内圣外王在现实世界能够实现的概率是非常非常低的。因此，韩非认为，与其祈求内圣外王，不如通过法、术、势的结构性掌握，以有效维持国家的持续发展，这是《韩非子》对内圣外王的深刻反省与转化。内圣外王的理想我们不能放弃，因此，儒家依然被我们视为正统之所在，但是就现实而言，我们必须充分掌握法家的客观精神来治国，这也就形成了所谓"阳儒阴法"的中国政治发展特色。也就是以儒家的内圣外王为理想，而以法家的法、术、势的结构作为运作的模式。因此，不读《韩非子》自然也就无法了解中国政治思想的实质内容与发展脉络了。

第二，先秦诸子从管仲以来，有申不害、慎到、商鞅的法家思想系统，为何我们要特别重视《韩非子》呢？理由很简单，因为《韩非子》是先秦法家思想之集大成者，无论从理论的广度、深度还是高度而言，《韩非子》都不是以往的法家思想家所能望其项背的，也就是说，《韩非子》是中国法家思想最具代表性的作品。

第三，《韩非子》一书也是先秦哲学史的缩影。首先，著名的《解老》《喻老》二篇，是有关《老子》最早的注本。其次，韩非对于儒家、墨家的反省与批判，对于其前之法家思想的反省、批评与创新，对于诡辩者、文学之士、轻物重生之士的批判，其实也就是对于名家、纵横家、道家思想的反省。由此看来，我们在《韩非子》里，其实也就看到了整个先秦思想的发展脉络。

第四，《韩非子》是最佳的哲学与文学的作品。《韩非子》思想深刻，内容丰富，论述具有强烈的理论性与说服力，同时也提供了非常丰富的案例，以供领导者参考使用。就文学而言，《韩非子》是最佳的论文体，同时也大量使用历史传说、故事、寓言，具有深刻的文学意义与价值。读《韩非子》，不仅能使我们在思想上得到启发，而且还能欣赏到一流的文学作品，可说是一举数得，具有极高的知识投资回报率。

## 五、如何读《韩非子》

在各位读者正式读《韩非子》原典以及本书之前，我愿意提供几点提醒与邀请：

第一，对于古圣先贤与经典要有诚敬之心。"创业维艰，守成不易。"我们能有今天的文化教养、知识技术，其实都有赖于往圣先贤的努力与累积。因此，我们应该以一种诚敬与感恩的心，来面对往圣先贤的人格行谊及其著作。这是一种基本的态度与教养，也是对历史文化的一种肯定与尊重，更是对自己生命意义与价值的寻本与开新。孟子说："人之异于禽兽者，几希。"其实也就是在这诚与敬之上，看到了人性的光明与价值。我们应该先成为一个人，然后再做学者或专家，而诚敬之心就是为人之本，也是在阅读所有经典时所应该具有的生命态度。

第二，以公正平和、推己及人之心阅读经典，并以经典的知音自许。不但要将经典原有的意义说清楚、讲明白，同时更要为经典可能具有的意义与价值，加以充分的引申与发挥。也就是在客观了解的基础上，为经典可能的发展与核心价值，提供最佳的响应，也就是要以经典的知音自许。如果我们用这样的态度来读《韩非子》，我相信韩非一定乐于与各位为友，也会感谢各位的相知相惜之情，这岂不是人间至美之盛事？

第三，用开放的心灵面对文献经典，以期有容乃大，海纳百川。开放的心灵对于阅读《韩非子》而言，非常重要。因为一直以来，我们大多数人受儒家与道家的影响较大，因此，也往往自觉或不自觉地以儒道思想作为判断的标准，在这种情况下，我们对于法家的作品，尤其是如《韩非子》如此尖锐的理论批判，便不容易有相应的理解与把握。无论是儒家、道家都有强烈的理想主义色彩，韩非子也不例外。但是韩非子却是用最现实的方法与作为，说明理想世界的现实基础与操作模式，这种对现实的分析与掌握，大大超出了儒家与道家的思想内涵，因而也会引起许多人的批评与不安。我在这里并不是要为韩非辩解，只是希望各位在阅读《韩非子》的时候，能够暂时地抛弃已有的成见，也就是暂时放下儒、释、道三教的想法，先就法家了解法家。只有当我们真正了解、掌握法家思想之后，再将法家与儒家、道家，甚至佛教进行第二序的沟通与对话。因为有了客观的理解为基础，因此，我们就避免了情绪的困扰，而能够以真正客观的标准作为判断理论得失的依据，这才是进德修业、谈学论道的基本态度与修养所在。

第四，要能区分经典活的部分与死的部分，以及经典当时的意义与当下的意义。人是历史的动物，经典也是历史的存在。因此，经典有其永恒而普遍的意义与价值，但是也有其面对当时的特殊情境而有的特殊内容与见解。时过境迁，永恒性的意义价值不仅在千年之前，而且对今天的你我依然有效，这就是经典活的部分。同时，因为时空的转变，经典当时所面对的特殊情境与今日不同，因此，这部分我们就不必加以坚持，这就是经典死的部分。我们要把握经典活的部分，而不要被经典死的部分所局限、封闭。这不是要放弃经典特殊性的意义或内容，而是要对它的特殊性与时代性有充分的自觉，以免形成思想的封闭与僵化。有了这样的反省，我们就可以了解经典在当今社会的意义与价值，同时我们也可以将这样的智慧，用于当下的时代与环境。例如韩非对于人性、历史、价值、管理等的观念，对于当下的我们依然有效。这不是说韩非思想能解决今日的垃圾问题、环境问题、人口问题、医学问题，而是说韩非思想可以提供一种基本的态度与方法，用来解决我们的时代问题，这就使得经典不只活在过去，也可以活在现在，更可以活在未来。孔子说："人能弘道，非道弘人。"我们也可以说人在活化经典的同时，也是通过经典来活化自己。我们在阅读经典的同时，其实就是在阅读自己，而在阅读自己的同时，也是在书写、创造我们自己。因此，阅读自己是知，创造自己是行，这就是知行合一的道理，也是我们阅读经典最大的收获与价值所在。


## 六、结语

先秦时期封建社会礼乐崩坏，群雄并起，百家争鸣，是一个变动的大时代，韩非正是回应此大时代的大人物，其作品也正是真实响应时代的巨作。今天，我们面对的 21 世纪的世界，其变化速度之快、变化内容之多、变化方式之诡异、变化影响之莫测，都可谓空前！就此而言，我们跟韩非一样，都面对着一个伟大的，同时也是一个充满危机的时代。此时此刻我们虚心地阅读《韩非子》，一方面是与古人神游于千载之前、万里之外；一方面也是借助经典的智慧，让我们有更多的能力与信心，来面对、改造、提升我们的世界与未来。果能如此，则不愧为韩非真正的知己与知音，也不负往圣先贤与经典所留给我们的关怀与教诲。

今天，且让我们以谦虚愉快的心情，与韩非进行一场智慧与生命的永恒对话，愿与读者诸君共勉之。

# 第一讲　法家不能忘

## 一、儒、释、道理想，法家现实

法家是中国哲学里面非常重要的一个学派，今天我们就来好好地跟韩非来一次神交神游。

中国有儒、释、道，我们称之为三教。三教的重要性没有什么问题，因为既然称为教，它就提供了我们生命的终极方向或者终极原理。所以从这个角度来看，我们关于人生价值、意义、理想方面的问题，都能从中找到答案，这是中国文化最为珍贵的内容。但我们今天谈韩非、谈法家，还有一个很重要的意义，那就是，虽然儒、释、道三教给了我们人生一个非常重要的方向跟内容，不过所有的理想跟价值，最后还是要建立在一个真实的、现实的世界上。三教提供一个价值跟理想，这个没有人能反对，不过这个价值与理想怎么建立？建立在哪里？这是法家要问的问题。所以各位千万不要忘记，中国文化里面我们除了有儒、释、道三教之外，还有一个非常重要的，帮我们在做基础工作的，其实就是法家。也就是说，你再高贵的理想、再好的价值，如果没有一个现实的、经验的基础的话，它是很难真正实现的。理想跟幻想最大的差别，就是理想是可以实现的，它是有一个经验的基础，有一个历史的法则，但是幻想没有。所以三教如果真正要去实现理想，它们一定需要法家的帮助。

但是很可惜的是，整个中国的大传统，一直到现在，对法家都缺少真正的了解跟同情，这个对我们中国文化来说是一个严重的损失。

所以我觉得今天我们有义务，也有这个责任，重新让法家的这一套学问，让大家都能了解。我们中国其实也有非常经验性的、非常关心现实、关心社会、关心我们国家政治的一种学派。这个学派的内容不只是在先秦非常有价值，即使在今天也非常非常重要。所以我想不论从文化传承的角度，还是从今天我们面对的时代，和全球化发展的角度，法家都带给我们非常大的启发，值得我们虚心来学习。所以首先让各位了解，我们在儒、释、道这三教之外，还有一个非常重要的学派，就是法家思想，不要把法家给忘了，这是第一步。

## 二、儒、释、道一百分，法家六十分

接下来第二步，各位要想一下，历来法家为什么老是被我们给忘了，其实这其中也有一些原因。

首先，我们都会觉得，法家在我们想象里，他好像比较严厉，比较严苛了一些。所以我们总觉得好像法家就是严刑峻法，让我们觉得不太舒服，管得太多了。从某个意义来看这个讲法不能算错，因为法家的确对于秩序、规则要求得比较严格，这一点我们大家也都了解。不过我们现在想一下，刚刚说儒、释、道是三教，这三教跟法家比起来到底谁比较严格？我没有说严苛，我是说严格。我觉得是儒、释、道三教比较严格，尤其儒家非常严格。怎么说呢？我请各位想一下。儒家的要求很清楚，我们要当君子，然后我们要当贤者，最后我们要当圣人。我们都要以圣人作为我们生命最后的归宿，这就是儒家给我们的方向和教诲，这个没有人能反对，我们也不会反对，我觉得这是非常好的。可是你要想一下，当一个圣人很辛苦的，也很难的。就是说，儒家追求一百分，仁是一个完美的生命，是一百分，所以你看看孔子在《论语·述而》里面自己也说："若圣与仁，则吾岂敢！"就是说，当大家都说孔子你太伟大了，你应该是一个圣人的时候，孔子是否觉得，我不是，我只是学不厌，教不倦，我正在努力不懈地奋斗。这就是孔子给我们的圣人印象。所以你想想看，连孔子这样伟大的人物，他都不敢以圣人来自居，我想一般人大概也很难。从这个角度来看，我们可以说儒家的学问是一百分哲学，我们做人必须是满分的，是一百分，这样才能够满足儒家对我们的期望，做一个圣贤的期望，这也非常好。但是法家其实没有要求这么多，法家是一个六十分哲学，及格就可以了。德行应该是要要求完美，这个没有问题，不过法家很清楚地知道，国家要建立秩序，建立结构，建立一个可大可久可行之道的时候，我们不可能用一百分来要求所有人，那太难了。所以法家不为难各位，只要你六十分，法家都接受。六十分很容易做到，我们只要能够遵守国家的法令，尊重社会的规范，个人的行为也就能够有一定的安定性与次序性，也就达到了所谓的六十分。

所以儒家跟法家，从这个角度想一下到底谁比较严格，我觉得好像儒家比较严格。真的是这个样子，儒家真的是严格，所以学习儒家学问的人，以儒家为信仰的人，都任重道远。曾子就曾经讲过一段很有名的话："士不可以不弘毅，任重而道远。仁亦为己任，不亦重乎；死而后已，不亦远乎。"（《论语·泰伯》）就是说，我们真正要做一个士、一个知识分子，是任重而道远的。这的确是一个很好的生命教养。法家对这个生命的教养并不否定，但是问题是在我们还没有到达这个教养之前能做什么。我觉得在没有达成这种教养之前，至少我们能够守秩序，能够尊重国家社会的规范。这样的话我们就可以让这个社会、国家，有一个基本的规则和运作，我们才能生生不息。我想这是法家第一个要求，我们只要六十分。他没有拒绝我们去追求一百分，但是他要求我们一定先要做到六十分，我们觉得法家严格，是因为他绝对不允许达不到六十分。至于你有没有达到一百分，他不管的，他只要求你六十分，这是法家思想的第一个特点。

第二个问题就是法家跟儒、释、道三教之间的关系。我们要怎么来判断它，或怎么来安顿它？我的说法很简单。各位，如果你连六十分都考不到，你怎么考一百分？那是不可能的事情！如果这样来看的话，那么法家是叫我们循序渐进，让我们先达到六十分，再去要求一百分。也就是说，如果连衣食住行这些最基本的生活都没有办法安顿的时候，还要求我们做一个圣人，在法家来看，的确太为难、太苛责大家了。要先六十分，再一百分，这是法家的第二个思想特色。

第三，在一个社会秩序非常好的时代，国家政治顺畅，经济也非常繁荣。你觉得在这样一个社会里面，我们要当一个君子比较容易，还是说我们在一个乱世要当一个君子比较容易？我想答案非常清楚。也就是说，当社会越上轨道，经济越发达，社会秩序越安定，我们要当一个好人、一个君子其实是越容易的。

## 三、法家越成功，三教越轻松

我一直觉得法家跟儒家不会是一种冲突。当法家越成功，把社会治理得越好的时候，儒家就越轻松，我们就可以让人更容易地来修养自己，做一个君子。我们要认清法家：他不是一个一百分哲学，他对人的要求其实是非常宽松的，他只要求我们能够安分守己，遵守社会秩序，他只要求我们得六十分！而这个六十分有非常重要的一个意义，它正是我们成为一百分的基础。有了这个六十分，我们就可以往一百分来迈进。所以法家越能够成功地把国家治理好，那么儒家、道家跟佛教，就越能够安定人心，进行教化，所以法家越成功，其实三教就越轻松。各位如果能接受这个观点的话，就证明我们这个时代还是需要法家。换言之，不管是搭公交车或者任何公共运输工具，我们都希望它是非常安全、有秩序、有节奏，这个就是法家精神！他让我们觉得非常的明朗、顺畅，没有扭曲，没有乱七八糟。这样的生活难道不正是我们向往的生活吗？

## 四、法家搭台，三教唱戏

以上讲的是原则问题，现在我们来看看历史问题。从秦始皇开始一直到清末，中国历史基本上是由法家来安排它基本的政治格局跟结构，这就是我们常说的"阳儒阴法"。我们在理想上接受了儒家，《大学》从格物致知，诚意正心，修身齐家，到治国平天下，这是儒家对政治、个人、家庭、社会的道德安顿，历来没有人反对，大家都遵守这个教诲。但在国家政治实际运作之时，我们其实依靠的是法家的精神，循名责实，信赏必罚。法家提供了一个客观的结构让我们能够依循，所以从秦始皇一直到清末宣统，中国两千多年的历史基本上是由法家来搭台，三教来唱戏，法家其实都在基础的工作上默默地承担着维护国家与社会秩序的重任。在这个基础上，我们才能够让三教有一个良好的环境去实现其文化理想，从这个意义上讲，法家是幕后英雄。

最后我要提醒各位，法家最重要的贡献，就是将一个所谓战国的乱世予以统一。因为只要是战争，绝对是一种伤害。所以法家的统一六国，对中国文化发展是有积极意义的。法家将战国的四分五裂转化为帝国的大一统。我们现在要面对的是一个全球化的时代，一定要有良好的国家秩序、经济实力，以及深厚的人文素养，所以可以肯定地说，法家在 21 世纪仍是主角。虽然我们生命的方向、文化理想，还是要由儒、释、道三教来提供，不过各位不要忘记，三教真正要实现，还是得依靠法家的基础工作。如果我们能了解到这一点，从帝国的统一与治理而言，法家当然有它的价值。至于今天的管理学与全球化等问题，基本上仍然有赖于法家去面对、解决。当儒家、道家、佛教告诉我们生命的理想在哪里，真理在哪里，让我们的生命有一个方向，有一个向往的时候，法家则默默地提供了我们车子、飞机等各种交通工具，让我们真正能够一步一步地迈向光明和成功之路。

我一直觉得历来对于法家的遗忘与忽视，其实是一件蛮可惜的事情。如果我们真正了解法家的智慧，那么不管是国家政治经济的发展还是社会秩序的整顿，都会从中受益。我们有责任、有义务，让法家的精神能够在 21 世纪发扬光大，让我们的国家有更好的现实基础，迈向更加光明的未来。

# 第二讲　韩非其人

　　这一讲重点来看看韩非这个人吧！法家的学问是非常重要的，其最具代表性的人物就是韩非。韩非这个人其实命不是太好，除了身处乱世弱国之外，交友不慎对他也影响很大。跟李斯比起来，韩非的确没有像李斯的生命这么具有戏剧性。由于韩非是整个法家思想的集大成者，我们还是有必要先对韩非这个人有所了解，中国人叫作知人论世。

## 一、孤愤法术之士，恨五蠹误国之人

　　韩非是不是真像一般人想象中的那样薄情寡恩？其实不是。我们读《韩非子》书，其中不乏激愤之词，这表明韩非有着非常强烈的忠贞与热情，这里面的许多寓言，文辞对仗都非常美。所以，各位如果要学写作文，要把论文写得漂亮，《韩非子》当然是模仿的首选！另外，写议论文的高手就是孟子和荀子，他们的能力都非常强，但如果从结构的完整性和锐利性来看，韩非绝对是第一名。当然，韩非不是为了文学，这些故事、寓言都是说给君王听的，只希望君王能够从这些故事里面得到治国的智慧。韩非真正的思想核心是哲学，是一种政治哲学、国家哲学、历史哲学。他希望通过这个哲学，建立治国之道，这才是他真正的用心。但是他的文章太漂亮了，所以我们可以把《韩非子》当成一部文学作品来欣赏，也可以当成一部哲学作品、一种治国之道来加以学习。虽然他口吃，但是善著书。这样的身世、学养、才情，加上他个人的主观限制，使得他成为法术之士，一个真正的忧国忧民之士。对于愿意为国家奉献的人，韩非是非常地支持、同情和肯定的；但是对那种已身处乱世，还在啃国家、左右逢源、发国难财的人，他就非常痛恨并称之为五蠹，就是国家的五种蠹虫。这五种蠹虫对国家一点儿帮助都没有，让国家不能够大步地往前。韩非就是法术之士，最痛恨的就是五种蠹虫、误国之人，这是韩非当时的心情。

## 二、富国强兵，舍我其谁

在这样的心情之下，韩非最重要的愿望就是国富兵强，国家一定要富，兵一定要强，国家才能够卓然屹立于各国之间。

至于究竟谁能协助国家国富兵强，韩非认为舍我其谁。法家的精神就表现在这种地方。你们儒家要怎么谈教化，韩非没意见。你们道家要逍遥自在也好，你们佛家要解脱也罢，这是你家的事，我都不管，法家的责任与目标是要把国家社会先稳定住。因为只有国家社会稳定了，我们的人生才有稳固的基础，我们才能去谈文化理想。你连六十分都达不到，怎么可能求一百分呢？所以国富兵强就是法家最基本的要求，因为只有国富兵强，我们才能活下去，立大志、做大事、成大业，这就是法家基本的精神。

儒家要我们立志，"盍各言尔志"。有志才有气，叫作志气。所以，从小老师就教我们说你这个人要有志气，有志就会有气，有生命力。因为有了生命理想，就会把我们的生命力带起来，产生一种源源不绝的生命力。所以，儒家一定要立志，有志才有气，志一则动气，这是儒家孟子思想最重要的精神。佛教要我们发愿，你要发大悲愿，要有愿才有力，叫作愿力，才有力量。

这些讲法韩非其实很清楚。我们要关心我们的社会，关心我们的国家，关心我们的国民，让人民能够真正地安居乐业，这个就是韩非的大愿。要实现这个大愿，就要建立国家的政策，维持国家的秩序，尊重社会的规范。从这个角度能够把国家建立起来，才能够真正地国泰民安，这是法家韩非的精神，他还是有大志、大愿的。

### 三、堂溪公与韩非

韩非这样的生命人格，其实是很可爱、可敬的，但同时却也犯了法家的大忌。《韩非子·问田篇》记载了堂溪公这个人，他是韩非的好朋友，他劝韩非说：作为一位法术之士，忠心为国，实在令人敬佩。但是这个时代的确是个乱世，虽然你这样忠心为国，可是你想想看，吴起为了楚国，未能免于被肢解的厄运，商鞅为秦也死于非命。今天你韩非这样忠心为国，我们都觉得你是很值得敬佩的人，不过，你这样子做不是很危险吗？

我们看看韩非的反应，他跟李斯真的不一样。韩非说：你真是我的好朋友，你这样来劝我，肯定是担心我、爱我，这个朋友之谊，我实在是感动莫名，无以回报。不过我们作为法术之士，怎么会怕死呢？把国家治理好，人民的生活就好，国泰民安，这就是仁义之行，这才是我们法家要做的事情，我们怎么能做贪生怕死之辈呢？韩非其实早就知道作为一个法术之士的艰辛，《孤愤》《说难》《五蠹》都说明法术之士的危险与艰难。你虽然有"幸臣之意"，对我很好，我非常感谢。但是如果我真的如你所说的那样做的话，我作为一个贵族、一个大臣，是对不起国家、对不起人民的。

各位想想看，韩非难道不是一位君子吗？他就是要从事他理想中的事业，就是要为了这个国家，就是要维护人民的利益。

如果从这个角度来看，韩非绝对坚持法家的立场：循名责实，让他的国家能够国富兵强，但是骨子里还是受到荀子很大的影响，坚守了人之所以为人的价值与尊严，这一点就很值得尊敬。韩非毕竟是一个君子，虽然他的做法跟儒家有差异，但其真正的精神还是一种仁义之行，只是他用了法家的模式与方法，来实现他的理想。根据以上所论，我邀请各位重新了解韩非、同情韩非、欣赏韩非、尊敬韩非，韩非是一个值得我们肯定、效法、尊重的君子，这就是我今天跟各位介绍的韩非其人。

## 第三讲　以鼠为师的李斯

　　上一讲我们了解的韩非，的确是有君子风范，值得我们学习、效法。这一讲我们来看看法家另外一位非常重要的实践家——李斯。韩非虽然写下了《韩非子》这部重要的作品，也曾经到秦国担任过外交官，不过真正能够把法家思想在现实中予以实现的，其实是李斯。所以李斯算是一个法家思想的实践者，在法家中具有一定的地位和作用，所以，我们有必要让大家了解李斯的思想与行谊。

　　荀子有两大弟子，一个是理论的建构者韩非，另一个是理论的实践家李斯。不过这两个人性格有很大的差别，人生际遇也完全不同。我们前面讲到韩非的生命，其实有一点儿悲剧性，他非常年轻就死于狱中，实在可惜；李斯则活得比较久，在现实的政治中包括文学上，产生了非常重大的影响，所以李斯是一个非常重要的人物。

## 一、李斯，真小人耳

如果说韩非是真君子，那么李斯就是一个真小人。真小人的意思就是说他没有理想，太现实了。他想什么、要什么从不啰唆，我就是这么直，我就是这么白，我告诉你，我就是这样的人，这就是李斯，绝对不跟你啰唆。韩非在回应朋友的劝诫时，还是坚持法术之士的责任的，这跟李斯就有所不同，李斯最后是动摇的，在这一点上韩非优于李斯。从个人的角度来看，我比较尊敬韩非，对李斯就没有那么尊敬。不过，李斯的一生十分具有戏剧性，很有戏剧感，我们从这个角度来看看李斯，也可以了解法家的另一种形态。

虽然李斯跟韩非都是荀子的弟子，但是韩非之所以会被毒死，跟李斯脱不了关系；因为是李斯的建议，才让韩非含冤而死。所以我们说交友还是要小心一点儿，交到损友实在是很糟糕的事情。李斯是楚国人，之后成为秦的宰相，他的错误是在秦始皇过世之后，在有关帝位的继承问题上做了一些不当的附和。这种附和导致太子扶苏被赐死，立了次子胡亥。

在这个时候出现另外一个人就是赵高，日后李斯就是被赵高陷害而死的。李斯当年没有坚持，他作为一个丞相应有的职责没有守住，立了假的诏书，李斯日后的死亡与悲剧，在此时已经埋下了伏笔。李斯有所动摇，但是韩非没有，这是很重要的差别。或许各位会好奇，为什么没有伪小人，只有伪君子呢？原来，君子是大家所希望的，万一做不到只好伪装一下，所以会有伪君子，但是没有伪小人。小人就是小人，只有真小人与伪君子，关键就在这个地方，这就是李斯性格上的特色。

## 二、诟莫大于卑贱，悲莫甚于穷困

我一直提醒各位，李斯已经是一个非常杰出的人物，从现实的事功来看，他绝对是一流的，但是在生命的过程里面，他有一些困境没有办法通过。在他没有发达之前，作为一个小吏，守仓的小吏，他发现官仓里的老鼠硕大无比，见到人也不怕，环境优渥，泰然自处；至于穷困地方的老鼠，又脏、又饿、又小，见到人就闪躲。他觉得穷达富贵，其实不是人的问题，而是所处环境的问题；处在卑贱之位与富贵之位，人就完全不一样。所以李斯很清楚，他想要什么就直奔目标，从不啰唆，是一个真小人。这个故事是一个真小人的真心告白。

我们都记得在《论语》里面，孔子勉励学生，君子忧道不忧贫，谋道不谋食。一个君子怎么可能每天只问午餐吃什么，晚餐吃什么，消夜吃什么，如果是这样的话，这个人的生活就没有价值。一般老百姓我们要安顿他的生活，但是知识分子要有更高、更远的理想和目标，这才能成为一个君子。照李斯来看，你们这些儒者全都是伪君子，你们这些儒家忧道不忧贫，谋道不谋食，其实是你们根本没有能力去谋食，是不能也，非不为也。所以他才说"诟莫大于贫贱，而悲莫甚于穷困"。身处卑贱之位，是人一生最大的悲哀。所以我们应该建立自己的社会地位，创造自己的财富，才能安顿自己的生命。李斯认为："久处卑贱之位，困苦之地，非世而恶利，自托于无为，此非士之情也。"儒家轻利，"君子喻于义，小人喻于利"，即孔孟说的义利之辩。但是李斯提醒我们：你今天义利之辩，自我安慰一番，甚至自以为清高，如果知识分子都是这样的话，根本不可取，此非士之情也。孟子说无恒产者无恒心，老百姓没有恒产是没有恒心的，所以作为一个领导和政治领袖，第一件事情就是要足食，是要让老百姓能够吃饱，足食，足兵，民信之矣。所以儒家治国的首要工作，就是要让人民能够安居乐业，衣食无忧。

曾经有一位官员批评老百姓只重生活饮食，缺乏理想，如同动物一般，这种说法出自官员之口是极不恰当的，因为在中国文化的大传统里的儒、墨、法，没有一家是去批评老百姓的，老百姓就是要去照顾的；要批评、要求的，一定是要求知识分子，因为知识分子负责国家整体方向。儒家、道家、法家，其实要求的是执政者以及知识分子，因为你们掌握知识与权力，有责任去帮助老百姓，你们不能说老百姓每天只知道吃饭是堕落。所以孟子就说无恒产者无恒心，普通百姓就是这样的。孟子是令人尊重的，而无恒产者有恒心的是知识分子，所以知识分子要有自我要求，才是孟子的期待。

但是李斯认为无恒产者无恒心，我没有意见，但并不表示知识分子不可以有恒产。知识分子为什么一定都要变成颜回呢？这也没道理，这就是李斯的反省，这个想法也没有错。李斯的想法就是说，如果作为一个大臣、一个知识分子，他对国家、社会有一定贡献的时候，他也应该获得一定的利益回馈。所以他反对、看不起当时那些知识分子的酸葡萄心理。你如果没有得到，表示你能力根本不够，这就是李斯的观点。李斯的能力的确非常强，也够聪明，而且他也知道自己真正想要的是什么，所以"无恒产而有恒心者，惟士为能"（《孟子·梁惠王上》）。这个讲法是可以成立的。李斯提醒我们，很多人根本没有机会、没有能力去获得恒产，却推说他不需要，李斯认为这种人就是伪君。我就照我的能力、我的本领去获得应有的富贵，这有什么不对？从这一点来看，李斯也挺可爱的。

## 三、成功的外交家与情报员

此外，李斯是一位非常成功的外交官，也是非常称职的情报员，他有非常多的谏言，都得到秦始皇的肯定。其中有一次，秦国人觉得大臣中很多人都是外来的，那我们自己人该怎么办？这些外来的人本来不是我们秦国的人民，将来不见得会忠心于秦国，所以建议秦始皇下逐客令，把这些人全部遣返，这样一来李斯也得卷铺盖走人，所以李斯就写了《谏逐客书》。其中说道：这是一个全球化的时代，人才一定是流动性的，我们不能只用自己的人才，要海纳百川，才能够把所有的人才集中到我们的国家，让我们国家有最多最强的人才。这是《谏逐客书》的主要观点。所以李斯一方面保住了自己的位置，一方面又提醒我们人才是流动的，是否能争取人才是一个国家能否强盛的根本。

最后有一个很值得说的故事，《史记》记载了李斯贵为宰相过寿时的场景，百官相贺之际，李斯的长子从外地驾车回到咸阳，此时可谓李斯人生的高潮，众人皆称羡，唯李斯这个时候黯然自省。可见李斯还是聪明的，他想到老师荀子曾告诉他"物禁大盛"，说明他感觉到了这个高潮之后，未来如何就很难说了。虽然他非常敏锐地看到这一点，但是他还是没办法逃离所谓的命运。

当李斯被囚禁之后，他要上书皇帝，而赵高说犯人怎么能上书呢？不传！就不把他的书往上传，导致他永远没有申冤的机会，完全被隔绝，整个家族就要被拖出去屠杀。这时候李斯就跟他的儿子说，如今我连想带着家里的大黄狗到东门打猎这样一种简单的快乐都已经没有办法实现了，这就是李斯在死前最后的感慨。早在百官帮他做寿庆贺的时候，李斯已经感受到了这种未来的不确定性。所以他说"吾未知所税驾也"，意思是说我将来到底去哪里，其实还很难说。虽然他已经看出端倪了，但还是躲不过去，所以在一个乱世，即使聪明如李斯也难逃命运的摆布。

赵高是怎么害他的呢？很简单，他总让李斯在秦二世听音乐、看跳舞，吃喝玩乐这些很愉快的时候去进谏。二世心说你什么时间不能来，偏偏在我休息时来打搅我，就造成了二世对他的反感，最终把李斯囚禁。所以赵高很厉害，非常可怕。当堂溪公劝韩非不要步入险境的时候，韩非是义无反顾、勇往直前的，而李斯已经知道这是一招险棋，可是他还是卷入此政治漩涡并因此而丧命，这就是前面所说的李斯跟韩非的差别。

李斯是一个智者，他应该称得上是非常难得的成就卓越的政治家与思想家，这里我们要给李斯一个合理的地位与评价。但要指出的是，他的仁心与修养不足，我们在认识李斯的同时，就可以从一个侧面更深入了解韩非其人，也可以了解法家之士的处境与心情。

# 第四讲　当韩非遇上了全球化

　　前两讲我们分别介绍了法家的两位重要代表性人物，也是荀子的两个大弟子——韩非、李斯。对于法家思想的掌握，绝对离不开对这些思想家的性格与特质的了解，我们由此也可以知道他们思想的特色与方向。主角找到了之后，让我们看看他们所处的场域，也就是战国时期，百家争鸣中有四个最重要的学派：儒、道、墨、法四家。现在我们的问题是：为什么最后统一六国的大业必然落在法家身上？好像非如此不可。这里面有一定的政治必然性，我们来分析一下。

## 一、群雄并起，诸国争雄

　　为什么儒家、道家、墨家不可能承担统一六国的责任？

战国是一个很特殊的时代，其实有一点接近我们今天所面对的时代。我们可以想象一下，当韩非遇上了全球化，会有什么样的想法？记得是 2000 年的时候，我到斯德哥尔摩大学参加一个讨论全球化的会议，当时我觉得全球化只是一个好像要来而还没有来的趋势，可是我没有想到它来得这么急、这么快，而且影响会这么大。如果把这种心情放在韩非身上，放到当时的法家身上，我们就可以了解法家何以那么急切了。

先秦时代的挑战与变化，也不是说只有法家在面对，儒家也在面对。例如孔子跟孟子的想法就已经差别很多了，孔子要去梦周公，"甚矣吾衰也！久矣，吾不复梦见周公"（《论证·述而》）。换言之，孔子对于周公制礼作乐、人文关怀，念兹在兹，就希望能够恢复周文，让周天子重新恢复国家的秩序。但是到了孟子时，他对周天子的想象是放弃的，孟子已经不再梦周公了，道统是开放的，尧、舜、禹、汤、文、武、周公、孔子，然后就是我孟轲，凡有为者皆能以道统自居了。所以在孟子来看，周天子已经没有机会了，那个时代已经过去了，他已经放弃了，所以主张五百年必有王者兴，以仁者为王。谁能够站起来，先把这个国家治理好，把人民照顾好，他就是王者了，不一定要周天子。所以在孔子叫作存周，还要把这个周再存住；到了孟子不是了，要代周。所以我们可以了解，孔子跟孟子的精神和立场就已经不一样了。

## 二、新秩序的建立

接着我们再看从孟子到荀子，就可以一步一步看出来，统一六国的责任为什么最后一定是落在法家身上？孟子的政治哲学就是："先王有不忍人之心，斯有不忍人之政矣。"（《孟子·公孙丑章句上》）仁政王道，这是孟子的基本精神。这种精神其实已经不是荀子精神。在荀子看来，他更重视的是如何建构一个客观的礼义社会，从礼义社会再去讨论国家的存在问题。所以在孟子是谈仁义，但是到了荀子就谈礼法，仁义的重主观精神跟礼法的重客观精神就完全不同了。礼还比较具有道德的、伦理学的意味，可是法就已经开始走向义务。

所以从孔子到了孟子，从存周到了代周，然后到了荀子的时候，荀子已经放弃了不忍人之心、不忍人之政这种理念，已经从性善论变成性恶论了。因为性是恶的，所以荀子要转化性的恶，而以人文精神安顿我们的生命，此所谓"化性起伪"。这个世界已经不再是靠你个人的修养能够维持的，需要靠客观的结构来支撑，所以孟子的"法先王"是没有意义的，荀子要我们效法离我们最近的圣王，认为只有如此才能提供具体的策略以治国，这就是"法后王"，这就是荀子一直强调圣王的重要性的原因。

到了法家就更有趣了。《庄子·天下篇》讲内圣外王之道，《大学》里面强调格物、致知、诚意、正心、修身，这个是内圣；

齐家、治国、平天下是外王，这是儒家的想法，也是荀子的立场。但是到了韩非的书里面就不谈圣王了，而强调明主，明就不一定圣。从孔子到孟子一直到荀子，都还有一个期望就是圣王，到了法家就完全扭转了，圣王不要了，不要再想周代了，我们建立自己的新时代吧！韩非认为，儒家去要求所谓的圣王不但不可能，也没有必要，我们只要求是明智之君就可以了，到韩非时已经不用圣王的概念了。圣是价值概念，是道德概念，明是智慧的概念，只是聪明而已，他不一定要有德性。所以明君治国、明主治臣，都是用"明"这个字。

## 三、成就一家之言

从孔子到孟子、到荀子，一直到韩非，精神跟立场就已经开始改变了，这是很清楚的发展线索。孟子说无恒产者无恒心，这是一般人。无恒产而有恒心者，惟士为能，这是对知识分子的期许。知识分子要有自我期许，对于百姓，则只要让他们足食足兵，则信之矣，这是孟子的立场。足食就是要养民，所以在儒家看来一定是先庶之、富之，庶就是人很多，我可以养很多人。庶之之后就要富之，让他拥有财富，现在我们国家也是走这一条路。然后呢？我们现在推行中华文化，推行传统文化就是教之，所以庶之、富之、教之，这是孟子政治思想的基本立场。

要养人民就是王道的开始，所以他说王道自经界始。因为孟子所处的还是农业社会，农业社会最重要的生产工具就是你的田地，所以只要把经界划分清楚，每个人就有很好的生产基础，就可以安居乐业，所以王道一定是自经界始。田地划分好了，人民就可以因生产而累积财富，这是君王的责任：为民制产。制产到什么程度呢？最基本的就是"仰足以事父母，俯足以畜妻子"。中壮年上面有老的，下面有小的，每天努力工作，才能仰足以事父母，俯足以畜妻子。乐岁能终身饱，就是好的时代能不挨饿，凶年免于饿死，这是王道的起点。

在孟子时期还是肯定当时的贵族与分封制度的，所以强调井田、强调制产。但是到了韩非时则主张放弃贵族封建，鼓励土地的私有，以刺激农民的生产积极性。此时农民已经不再附属于贵族之下的固有的土地之上，开始可以拥有土地，以前的井田制被废除，土地开始重新分配，让每个人都一定要从事生产。家里壮丁到了一定年龄一定要分家，就是要再去找新的田去开垦。这样一来，生产力水平才会因为人口的增加而不断提高，这就是韩非的做法。

日后中国不再以贵族平民区分，而以职业分途，这就是士农工商。王阳明说：士农工商，"四民异业而同道"。就是说，士农工商所做的事情是不同的，这是异业，但是我们是同道，我们都对社会、国家有所贡献。这个话说得很好，士农工商的排序也很有价值，士排第一，第二个排农，然后再排工，商排在最后面。中国一直是有重农抑商的观念，所以汉代便有一些法律规定，即使你很有钱也不可以太奢侈，比如商人不能坐车，对商人有种种限制。因为中国是农业社会，中国整个传统对农民是有极大的同情跟肯定的，中国古代有大量的悯农诗，如"谁知盘中餐，粒粒皆辛苦"之类。中国大传统对农民基本上是非常尊重跟照顾的，所以士一下来就是农，再是工，最后才排商。

韩非也有类似的主张，他认为国力最重要的两个基础，就是生产力和战斗力。国富就是生产力，兵强就是战斗力，不然你怎么能保得住家园呢？因为国富兵强是国力之本，所以要将生产力完全解放，让每个人的潜能完全发挥，这是井田制度所不能望其项背的。另外，我们要注意的是，在韩非的时代，工商已经极为发达了，老子说"五色令人目盲，五音令人耳聋，五味令人口爽，驰骋田猎令人心发狂"，其中的主角绝对是贵族。五音、五色、五味就表示那时候工商已经十分发达，物质享受丰裕。韩非重视农业的立场，其实还是儒家的立场，还是以农为主轴，农、战是第一要务，要么就当农人，要么就当战士，这是韩非主要的经济政策。

另外，此时的君臣关系也完全改变了，以前是贵族之间的家族血脉，所谓亲亲、尊尊。但是到了法家的时候，纯粹是一种角色的功能与关系。换言之，我当君，你当臣，就是说我可以给你俸禄，那你就要对我尽忠，如此而已。我们的关系纯粹是外在关系，没有什么内在的主观情感了。因为君对臣很好，所以臣会对君尽忠，这是儒家所一直强调的。但是到了韩非已经放弃仁君忠臣之说，国君是唯才是用，至于君臣有没有交情，臣子原本是不是我的国民，是不是有血缘，这都不重要了。韩非把血缘亲情打断，把贵族的主观情感与封建打断。以前田地都是分封给贵族的，现在完全收回来，下放给农民。君臣关系，无须感情，循名责实，信赏必罚，如此而已。生产力被解放，以血缘亲情为基础的组织结构也被破除，君臣是一种角色与功能的客观关系。因此，只有法家才能真正去面对这个时代，把贵族的力量集中在君主身上，集中在国家手上；同时取消井田制度，充分刺激国家的生产力与战斗力，这都是靠法家去完成的。儒家没有做到，道家也做不到，墨家也只能兼爱非攻，担当起富国强兵重责大任的只有法家。

所以，能实现法家思想最彻底的国家，在当时就是强国的代名词。在战国时期，法家完全应和了这个时代的需求，所以统一六国的任务由法家来担当是必然的，因为只有法家才从根本上回应了这个时代！想想看，战国七雄为什么是秦国统一了六国呢？因为秦国在当时文化相对落后，所以它没有文化传统的负担，最容易接受新的想法并实施新的政策；因为秦国人民素朴，就更容易接受新规则的引领，韩非、李斯就是最好的例子。总之，为什么法家能统一六国？是因为法家真正顺应了时代的需求，而儒家、道家、墨家都只是做了一种呼吁，但是都没有提出能够改变社会、改善国家的实际措施，只有法家提出来了。

# 第五讲　法家的困境

上一讲把整个战国时代的背景做了介绍说明，也指出为什么在儒、道、墨、法四家里面，最后只有法家才能够真正地承担起这个时代的重责大任。这一讲我们来看看在这个时代里面，真正去实践治国的这些所谓的法术之士所遭遇的困境。

## 一、法家命运的悲剧性

这个困境就是《韩非子·说难》里面所描述的内容。这一篇强调去游说君王，所谓伴君如伴虎，是非常不容易的，为什么呢？道理其实很简单，就是我们平时常讲的一句话：疏不间亲。就是说，关系疏远的人不要去离间关系亲近的人。所以你去跟一个父亲说他儿子不好，跟一个儿子说他爸爸不好，但你们的关系怎么可能超过他们之间的亲情呢？所以从这个角度来看这种做法其实是冒天下之大不韪，法家的命运就是如此。周代是分封建藩，贵族之间多少都会有一点儿血缘关系，所以叫作亲亲、尊尊，也就是说，这些贵族跟君王都有一些很密切的关系。这些重臣、贵族，因为跟君王有这种特殊的关系，就享受了一些特殊的权利、待遇，甚至瓜分了国家的资源。而法家认为，如果国家的力量被这些人分散掉的话，那我们要想凝聚国家力量来面对外患，是不可能实现的。这不是秦国特有的问题，这是当时各国存在的共同问题。

所以法家碰到的第一个难题，其实就是贵族一定反对法家将权力集中到君王身上。原来我分封的这一块是我的领地，现在没有了，全部收归国有，由君王来统摄，所以贵族当然第一个反对法家。法家最后都死于非命，主要原因是贵族的反扑，商鞅的遭遇最明显。秦孝公在时没事，有老板撑着，可是秦孝公一死，他就马上被逮了。《史记》中记载商鞅发现当时秦国人不尊重法律，觉得不行，所以就在南门摆了一根高大的木头，说是谁把它搬到北门就予以重赏。大家觉得这是笑话，因为大家都不相信政府的话。但是重赏之下必有勇夫，有一个人说，反正闲着也是闲着，我就搬过去。果然，搬过去之后马上重赏，大家发现国家是玩真的，这个时候法的权威性就被树立起来，这叫作重赏。相对而言就是重罚，罚谁呢？罚太子。太子有一次犯规，但他是储君，不能罚怎么办？教不严，师之惰，所以太子违法先罚老师。即使是太子犯法，也要受到一定的制裁，那么其他大臣当然不敢违法，至于人民就更不用说了。建立了法的权威，于是秦国大治，这就是商鞅治秦的成果。

但是在这个过程里就得罪了太子，所以秦孝公一死，太子继位，那些贵族就说商鞅当年这么欺负你，没有尊上之心，这怎么行呢？所以商鞅遭车裂之刑，这就是法术之士的命运。还有一点附带一提，法家有三派，重势派、重术派跟重法派，慎到是重势、申不害是重术、商鞅重法。商鞅辅佐孝公，秦国大治，在当时属于强国，申不害辅佐韩昭侯，国富兵强数十年，没有人敢来打韩国。但是最后为什么是秦国统一天下呢？因为申不害重术，术是自我的修养，我的术是属于个人的，当人不存在时术也就无所用了。所以人存政举，人亡政息，韩国之强也只是昙花一现而已。因为商鞅是重法派，所以虽然商鞅在孝公死了之后也被杀了，不过商鞅虽死，秦法未败，法还是在那里，法没动，所以日后秦能统一六国，是有道理的。

为什么重术派起不来？为什么是重法派统一？因为法才有客观的稳定性，日后可以起来，自有其道理。法术之士最大的困扰就是会面对所谓重臣、贵族，这些人都是跟在君王身边的人，跟君王之间有很深的情感联系。主观感情联系在法家看来，正好是拖累国家、让国家不能大步向前的最大阻力，所以当然要把这些人慢慢排除掉。但是一旦开始排除，立刻遭到这些保守势力的反扑，法术之士如何能与他们争胜？这些人包括重臣、贵族，就在君主旁边咬耳朵，一直一直讲话，你好不容易早上上朝才与皇上见上一面，只讲十分钟，而他们就在那边给皇上讲两个钟头洗脑，你说你有什么胜算呢？所以韩非认为，我们这些法术之士如果在跟这些人对立的时候，其实是一场不对称的战争，是非常辛苦而危险的。

法术之士在国家里发挥作用时遇到的最大的阻力其实就是贵族，这些贵族之所以会反对法家，是很自然的事。我们可以换位思考一下，如果你是贵族，当你的一些特权都要被没收的时候，作为既得利益者你当然不会接受，这是很正常的事情。因为不是每个人都像韩非那样要为整个国家着想，贵族会想办法维护个人利益，所以当然舍不得放手。这就是为什么在法家治国的过程里面，一定会受到所谓贵族的反扑，而且在这个过程里面，你就可以发现为什么日后这些人物下场都很悲惨的原因。他们犯众怒，别人都不捅这个马蜂窝，法家就是要去捅，要不然如何统一国家力量？总是有人要去揭开这个疮疤，这就是法家的悲剧性。所以我才说法家这些人，都有一点儿悲剧英雄的味道，尤其是韩非。悲剧不等于惨剧，比如说天灾、地震或台风造成我们很大的损失，这是惨剧，但它不是悲剧，悲剧的意思其实是说他有很强的自觉性。像韩非就很清楚地知道，他再努力也挽救不了韩国灭亡的命运，但依然不放弃。这种悲剧带来的感动就很深刻。李斯也是如此，他知道这里面有问题了，他很聪明，但他还是没有办法从困局中挣脱出来，这就是一种所谓的悲剧性。当孔子说"知其不可为而为之"时，其实也有一点儿悲剧感。悲剧不是坏的意思，而是生命理想跟现实发生冲撞所造成的那种张力。要有冲决网罗的勇气，才能把世界那种僵化的局面冲开打破，没有生命力，没有大人物是冲不出来的，所以一定要有英雄人物，只有这种强悍的生命力才能冲决网罗。从这个角度来看，也只有秦始皇才有这种魄力，能够把原有的东西完全抛弃，创造出一个全新的局面。

从物理学上来看，越大的作用力当然就会有越大的反作用力，法家也承受了我们一般人想象不到的压力，甚至一种悲剧性的命运。他们把原来分封给贵族的权力一步步向君王集中，因为只有当君王真正把这些力量集中在国家手中的时候，才能够实现国富兵强，这就是法家的使命。他们也确实完成了这一任务，只是他们付出的代价极高，所以我们对法家的事功精神应有一点儿了解跟同情。

关于游说君王之术，要懂得顺势而为。你要先肯定君王果然高明，然后再提出你的建议：如果我们这样子再继续做下去就更棒了。即使这是你的想法，君王也是会比较容易接受的。小人最会投其所好，法术之士虽然不必如小人般投君王之所好，但也应该要有一点儿警觉跟修养。伴君如伴虎不是那么简单，那么容易的，尤其在那个君主集权的时代，没有说话的技巧，我们注定是一位输家。商鞅、李斯、韩非都是悲剧英雄，即使日后遭遇非常悲惨的下场，但是他们还是坚持了自己的理想。


## 二、法家的祖师爷


首先问一下各位，你认为法家的祖师爷到底是谁？我告诉各位，其实是孔子！你相不相信？你不会相信的，因为从来没有人这样讲过。为什么我说是孔子？有两件事情：第一件是孔子杀少正卯，把当时那些乱讲话的人、破坏社会秩序的人除掉，以树立国家统一的规范与标准。第二件是孔子堕三都，鲁公之下的三个大臣，都把自己的城池建得非常高大稳固，甚至超过鲁国国都。孔子要把这三座超出规制的城墙平掉，令其缩小，可见他非常有魄力。从这个角度来看，孔子这种做法就充分体现了法家精神，只是最后要去恢复周文而与法家不同，但是这种政治手段是很强硬的。我在大学教四书，学生就认为儒家都是温柔敦厚。我说温柔敦厚不错，但是当儒家碰到事情的时候也是非常强硬，孔子就是如此。孔子治鲁国而大治，齐国备感压力，于是送了一大堆美女到鲁国。鲁国君臣从此沉溺于歌舞声色，丧失了治国之道。势不可违，于是孔子就离开鲁国，开始周游列国之行，《论语·微子》"齐人归女乐，季桓子受之，三日不朝，孔子行"就是此事的写真。

孔子是辟人之士，而非辟世之士，他觉得如果已经不可能为了，就辟鲁人，再去找其他的可能性，这就是儒家的立场。所以孔子的下场并没有像法家那样悲惨，也是因为孔子在当时的身份跟地位已然成形，大家对他有一定的敬意跟尊重。包括孟子在内，也得到同样的尊重，可是到了战国晚期，知识分子受到君王的压制，变成完全以利害为考量标准，这种情况下韩非的处境跟孔子、孟子就有所不同，这就是为什么孟子的一些讲法，韩非坚决反对的原因。

有一次，一个君王派使者去请孟子，说，孟子，请到我办公室来一趟，我有事请教，孟子不去。这个使者就说，君王叫我们这些臣子讨论国事，这是我们做臣子的责任，总应该去吧，今天君王邀请你去，你还如此傲慢，这不太合于君臣之礼吧！

孟子回答说，表面上看起来你的讲法是尊敬君王，但事实上你还没有我尊敬君王，为什么呢？是因为真正好的君王要有不召之臣。今天我请你当顾问，我就要尊重你，不是说，哎！顾问，你来，我要问你问题，而是我要到你那边去请教你。因为我尊重你，顾问得到尊重之后就会倾囊相授，而不是应君王之召而前去，这就是不召之臣。所以只有圣君、明君才会有不召之臣，那些招之即来、挥之即去的人不会有格调。今天我要等他来找我，而不是我去看他，这才是真正尊重你的君王的表现。这就是孟子所说的"说大人则藐之"，要建立我们自己的价值与尊严。

这样的做法韩非当然不能接受，君王叫你去当然要去，君王是绝对的权威，这就是法家跟儒家很大的一个差异。时代不同，所以君臣的关系已经完全改变。在孟子看来，君视臣如草芥，臣视君如寇仇。所以君臣关系是一个相对关系。但是到了韩非的时候，君臣关系不是一个相对关系，而是一个绝对关系，君对于臣是绝对的宰制，臣对君是绝对的服从。所以日后尤其从汉光武帝之后的君臣关系，其实都是法家式的君臣关系，已经不再是先秦儒家式的君臣关系。所以君要臣死，臣不敢不死，这不是先秦孔孟儒家的想法。在儒家，君臣彼此有一种相对应的尊重，所以君臣是五伦之一，君臣、父子、夫妇、兄弟、朋友，君臣是相对的关系。但是从法家的立场来看，君臣不是一个相对的关系，而是一个绝对上下的关系。法家认为，只有在这种情况下，国家的力量才能够被完全地统一并加以整合，这就是法家跟儒家不同之处。

### 三、历史的判断与道德的判断

孔子其实是有法家的这种魄力跟能力的，只是后来儒家把整个重点摆在人的德行上，所以从德治来谈政治，至于从现实角度来看建构治国的内容，就由法家来担当了。韩非、李斯其实都是法家中的悲剧英雄，他们对当时的时代所做的努力和奉献，我们应该加以肯定跟欣赏。当然，在这里我们还会有一个问题：对这些人物我们要有两种判断，一个叫作历史判断；一个叫作道德判断。我前面提到李斯是一个真小人，韩非还算一个君子。我说的李斯是小人，不是说他坏，而是说他只有纯粹现实的考虑；韩非还不是，他还有君子的风范。所以我说他们是小人或是君子的时候，是一种道德判断。

但是将法家的理想真正付诸实践，而且彻底改变了当时整个社会与时代命运的是谁？是李斯，不是韩非。韩非死得很早，他没有真正得到重用。所以从道德判断，我觉得李斯的品格没有这么高贵，有失德之处；但是从历史判断来看的时候，李斯是有极其重要的历史价值和历史地位。因为是他推动了战国时代的完全统一，你不能说他没有功劳和价值，这个时候我们是就他的历史的价值来判断，这是一种历史判断。所以我们对一个人物尤其像法家的人物，除了用所谓"君子喻于义，小人喻于利"的君子小人之辨进行道德判断，也要回到历史现场，给他们一种合理的历史定位。

我觉得我们读这些古书应该要尚友古人，这些古人都有非常精彩的生命智慧，我们应该先放下自己，去平心静气地了解他们，做他们的知音。我们要做韩非的知音，也做李斯的知音。知道他们生命的苦楚在哪里，也知道他们生命的价值在哪里，然后我们可以有自己的取舍，应该先做历史的判断，再做道德的判断。唯有如此，我们对韩非、李斯，甚至对孔子、孟子，才能够如其所是地给出合理的评价，才不会让古人觉得委屈了。不然的话，我们现在乱讲，说不定晚上，韩非就托梦给我，说你怎么把我讲得这么差。《庄子》中不就有这种类似的故事吗？所以我觉得，至少我们要先尽心尽力地把一个哲学家、思想家真正的价值如实地呈现出来，跟各位来分享，至于你接不接受是另一回事，但是我们有责任先让他们的生命光彩，能够被我们充分地了解跟掌握。

扫一扫
进入课程

# 第六讲　非主流的荀子与韩非

　　上一讲我们将法术之士，包括韩非、李斯、商鞅，对他们所面对的时代及其使命做了简要的说明。看得出来，法家的法术之士所面对的环境非常艰难，不过他们都勇敢地顺应了他们的时代，也完成了他们的使命。传统文科的老师大概都会谆谆教诲一件事情，就是强调文史哲不分家。文史哲不分家的意思是说，我们有历史的纵向时间轴，所以我们前面一开始谈知人论世，要知道思想家的时代背景，这是史。其次，我们知道，文也不应缺席。韩非是一位非常优秀的文学家，《韩非子》也是一部很好的文学作品，这是文。《韩非子》中有韩非的思想智慧在其中，这是哲。文史哲其实是一体的。

　　韩非的思想当然不是凭空而来，显然有他的背景和个人机缘，所以我们前面是谈他的历史，谈他的时代的背景。现在我们把焦距拉回来，看看他跟先秦诸子之间的关系。我们知道，韩非是战国时期最后的哲学家，他死后没有多久，秦国就统一六国了。我们先看看韩非跟他的老师荀子，也就是他跟儒家思想之间的关系。

## 一、被遗忘的师徒二人

我们说，荀子、韩非这一对师生，有一个既特殊又共通的命运：荀子因为不是儒家的主流而被传统遗忘，韩非则因为是法家而遭到传统的排斥，两者都没有得到应有的正视与肯定。在儒家的传统里面，荀子不是主流，因为我们都是以孔孟之道为儒家的主流思想，传统文化也一直没有特别重视荀子的思想。所以荀子跟韩非在思想史上的命运有一点儿接近，好像都没有被重视，甚至都被遗忘。不过，在这里我要先帮荀子讲一些话，然后我们再看看韩非跟荀子之间有什么关系。

首先，我们可以留意一点，其实我们在不知不觉之中，都已经接受了某种所谓传统儒家的观点，这个传统儒家的观点，其实就是从孔子、孟子一直到朱子的系统。我们知道朱子定了四书，把《论语》《中庸》《大学》《孟子》的思想，定为儒家思想传统，也就是道统之所在，朱子有极大的贡献，但是在《韩非子·显学篇》里面，韩非对儒家的分派其实是有说明的，就是说墨离为三，而儒分为八。而子思、孟子这一派，以韩非当时的眼光看来，也只是儒家八派中的一派，并不具有绝对的优先性或是继承权。所以荀子对子思、孟子这个系统也有所批评，他认为这个系统大而无当，所谓"略法先王而不知其统，然而犹材剧志大，闻见杂博"。所以从这个角度来看，儒家在先秦时并没有突出说谁是主流或者是正统，主流或正统应该是到了宋朝之后才有的。我们现在一谈儒家就是孔孟之道，这也不能算错，但是把荀子忘掉，我一直觉得很可惜。因为荀子的时代背景跟孟子不同，先王与荀子所处的时代距离就更大了，那先王讲的话还完全适用于今天吗？这个就很有问题，所以荀子认为孟子法先王是不行的。那既然法先王不行，法谁呢？就法后王。选择在时间空间上，跟我们比较接近的圣王来学习，这地方得到的智慧才能够用在我们这个时代。这是荀子跟孟子的第一个区别。

## 二、"性恶论者"

第二点，我们都知道孟子是性善论者，荀子就写了《性恶篇》直接挑战孟子。荀子的挑战非常简单，如果我们是性善，那为什么还要教育？如果我们这么重视教育，这么重视法治，那就表示人是有缺陷的，既然是有缺陷的，我们怎么能说性是善的呢？所以他不接受孟子的性善论。当然，这个问题不难回答，当孟子说人是性善的时候，并不表示人已经是圣贤了，只是说我们有成为圣贤的可能性。但是还要经过一段修养的功夫，才能真正成为圣贤，因此要存养、扩充、知言、养气，这是孟子的一套修养体系。可见性善论并不排斥修养论，也不排斥教育。从我们的性善到成为圣人之间，还有一大段功夫要做，并不是如荀子所说的，性善就是完美的，就是圣人。荀子真正的重点是说，我们对于自然的本性，如果没有合理的限制，个人的欲望就会逐渐扩张，人们彼此的欲望之间就会形成冲突，此时如果我们没有度量分界，没有一套礼仪，没有一个规则的时候，大家的这种要求或利益就会相冲突，进而导致争乱。所以，我们一定要有客观的规则，来安顿彼此的欲望需求，这就是荀子所说的法后王的礼乐制度，以及他所说的性恶论。重视客观外在的礼义师法，这是荀子的思想，这个思想其实也影响到了韩非。

韩非在《显学篇》里提到，你们儒家一天到晚要法先王，但是法先王真的能够救国吗？他认为法先王、说先王之仁义，对于治国没有什么帮助；反之，如果用我的法治、用我的法度，却可以立竿见影。所以韩非认为，我们应该要先从法先王的迷思里面摆脱出来，既不是法先王，也没必要法后王，而是看谁更能够把国家治理好，真正地完成国富兵强的理想。所以法什么王不是重点，重点是我们的时代需要什么东西，我们就来遵循什么东西。孟子盛赞孔子是圣之时者，孔子所有的行为判断，都是根据相应的情境，所做出的最好抉择，所以叫作圣之时者。这也正是韩非的精神所在，孔子说"毋意、毋必、毋固、毋我"（《论语·子罕》），韩非也没有什么特别的坚持，他只是选择当时最好的道路而已。这一点就跟孟子的法先王不同，也跟荀子的法后王不同，从这一点上来看，韩非反而是直接沿着孔子的路在走。换言之，我不管你是什么王，重点是看你能不能帮我治国。

总结一下韩非的核心思想：第一，荀子重新由法先王到法后王，而韩非就不去法什么王了，韩非最关心的是，我们能不能找到最适合我们这个时代的办法，至于法谁不是重点。既不法先王，也不必法后王，我们走自己的路，这反而更接近孔子的思想。

第二，韩非既不倡导孟子的性善论，也不倡导荀子的性恶论，而是另辟蹊径，采取中性论的讲法。韩非并不假设人性是善的，也不假设人性是恶的，人就是人，我只就人之为人的内容去管理他。这是韩非思想的非常特殊之处，既不是性恶论者，也不是性善论者，他是一个中性论者。我们一般的说法，会认为儒家跟法家之间好像是冲突的、矛盾的、水火不容的，其中一个很重要的原因，就是认为儒家是性善论，韩非是性恶论，但是我们刚刚已经说明，最明显的是儒家不完全是性善论，因为荀子是性恶论者。

第三，韩非也不是性恶论，韩非是中性论，中性论跟性善论、性恶论既不矛盾也不冲突。法家跟儒家的矛盾与冲突，在于到底是要以德治国，还是以法治国。在这一点上，儒家坚持德治优先，所谓"君子之德风，小人之德草，草上之风必偃"。儒家认为，政治最后的目标、目的，是实现道德的价值，如果没有道德价值，这个政治就没有意义。法家认为，儒家所谈的道德是伦理学的问题，我们现在要谈的是政治学的问题，我是要治国，至于是不是道德问题再说。这就是儒家跟法家非常不同之处，儒家最后还是要回到道德层面，而韩非则认为我只要能够治国就可以了。我们从孟子法先王，荀子法后王，到了韩非，则完全地自由开放，这就是为什么法家识时务，所谓识时务者为俊杰，这一点法家充分做到了。韩非既不法先王也不法后王，既不是性善论，也不是性恶论，只看人的实相，而主张中性论。

第四，既然荀子认为我们要法后王，我们是性恶的，所以我们一定要找一个规则，让我们的本性欲求不至于乱窜而有秩序。一定要有礼义师法来加以控制、加以管制，这里荀子还是用礼，所以荀子毕竟还是儒家。但是到了韩非就不用礼了，他认为礼没有强制性，礼对君子有效，对小人无效，所以韩非就不再限制自己只以礼义作为标准，而是用一个最低标准，用六十分原则来管理所有人。我不再依赖礼义师法，而是根据循名责实、严刑峻法，如此而已，儒家与法家在此分道扬镳。荀子跟韩非虽然是师生关系，不过在思想义理的发展上，显然是有不同之处，我们先把他们分开。


### 三、循名责实


接下来，我们再看，难道荀子就没有影响韩非吗？当然有影响。孟子既然说孔子是圣之时者，所以孟子当然也不会那么傻乎乎的，就要把尧舜之道，所谓的以前的政治模式与内容，一成不变地应用于现在的社会。那是不可能有效的，这一点孟子很清楚。所以先秦儒家说尧、舜、禹、汤、文、武、周公，其实只是一个象征，就是所谓"立象"，也就是把一个圣王圣君的理想，放在那里作为标准，至于现实该怎么做，并不是要把尧舜那一套完全用在当下，它只是一个象征。所以，法先王不是去法先王的政治结构与制度，而是法先王的精神与理想。而到了荀子时则认为，孟子要法先王的理想是国人的事，我法后王是要去治国，所以重视的是经验的内容，而不是理想性的内容，这就是荀子跟孟子不一样的地方。这一点就影响到韩非，韩非更彻底，荀子认为孟子法先王不彻底，韩非认为荀子法后王还是不彻底，什么对我治国有利，我就用什么，这就是典型的经验主义、实用主义、功利主义。

　　循名责实就是经验主义的观点，你不要跟我讲那些虚无缥缈的东西，拿出证据来，这就是韩非经验主义的精神。其次照《论语》所说"我欲仁，斯仁至矣"，孟子说"乍见孺子将入于井，皆有怵惕恻隐之心"。如果我们性恶，就不会说"我欲仁，斯仁至矣"，也没有怵惕恻隐之心的自动自发，此时国家社会要靠谁治理呢？也就是当你自己都不能管你自己的时候那谁管呢？很简单，找圣王！所以荀子就把圣王搬出来了。我们知道"圣王"这个概念是把圣摆在前面，也就是把道德摆在前面，把政治摆在后面，叫圣王。圣王这个概念其实就是一个道德的权威，一个政治的权威，这是荀子的立场。到了韩非的时候依然依赖君王，但是他把这个圣王的圣拿掉了，圣拿掉了之后就变成明君、明主，就是很开明或者是很聪明的君王，那就不必是圣君。所以明主不是用礼义来治国，他是用法治来治国，这就从儒家圣王的道德的权威，变成了韩非明主的政治的权威。虽然韩非对荀子的学说有所批判，但是在核心精神层面其实是继承的。韩非肯定治国要有一个权威，只是以前儒家的权威是一个圣王，我现在的权威则是一位明主，是政治的权威，而不再是道德的权威。韩非依然是一个重视成果、重视经验的思想家，这是韩非跟荀子之间很重要的一个共同点。

荀子跟韩非这一对师徒，在中国历史上命运其实都不太好，都没有进入主流，都被打入了冷宫。这跟朱子推崇四书，以孔孟的《论语》《孟子》为儒家正统有非常密切的关系。在孟子的性善论为主流的情况下，性恶论的确很难以立足；另外，因为我们都接受了孟子的性善论，所以就更觉得韩非对于人性的看法太赤裸裸了，有一点儿把人说得太不堪。其实韩非只是很现实地告诉我们人性有这一层面，并不是儒家所讲的那样。我们治国要从现实政治层面去看，不能从儒家的理想道德层面去看。因为儒家重视的层面都是君子，但是君子是少数，而治国要管理的是大多数的人。为政要用众而舍寡，我们重点在管理众人，而不是要管理那些少数的君子。因为德只能对少数人有效，可是法是对所有人都有效。这点跟韩非师承于荀子是有一定关系的。如果我们可以在孟子的性善论的系统之外，再了解还有其他可能性的时候，我们对于荀子、韩非的思想，就能够有更多接受的理由，而韩非跟荀子就能得到应有的同情与尊重，如此，我们现在就可以作为韩非跟荀子的知音了。

# 第七讲 图说墨、儒、道、法

上一讲，我们把韩非跟荀子这一对师生在思想上的互动，给大家做了一个系统的说明，其实这种师生思想的互动颇有价值。我的硕士、博士论文的指导教授是王邦雄老师，我写硕士论文《孟子与韩非政治哲学之比较研究》的时候，是对比着王老师的《韩非哲学研究》那本书来进行的。但是我跟老师的不同之处有两点：第一，王邦雄老师认为韩非子思想中有三个重要的纲领，就是法、术、势，也就是法家的三派。那么法、术、势到底哪一个才是韩非思想的核心呢？王老师认为是法，这就叫作法中心哲学，韩非是以法为中心。后来我根据《定法篇》从另一个角度切入，发现在法、术、势三者当中，势是最优先的，这是势优先论。第二，王老师在那个时候认为韩非是一个性恶论者，荀子性恶论，是因为荀子有《性恶篇》，韩非受荀子影响，也是性恶论。但是韩非并没有关于性恶的篇章，他也没有直接说人性是恶的，所以我认为韩非是中性论者，这两点跟我的老师有所不同。不过王老师非常宽容，觉得学生可以有自己的意见，只要你能够言之成理，他就能够接受，甚至也能肯定。我想说的是，我们在学习的过程中，其实受到了老师非常多的教诲与宽容，所以我在讲韩非的时候，还是要对王邦雄老师表达敬意，因为当初是他的教导，我才有机会对韩非有这么深入的了解。

先秦诸子最重要的学派有四家，所以我用四个很简单的图形来跟各位说明。

## 一、外方内方的墨家

第一个图形是两个方块，我用这两个方块来形容墨家。墨家是完全不跟世俗做任何妥协的，世俗一人一义，十人十义，如果我们每个人都坚持己见的话，这个世界就会彼此冲突不断，就垮掉了。所以我们要有一个客观的标准，也就是以天志作为标准，墨家完全坚守天志的标准，倡导兼爱、非攻，所以我用这两个方块代表墨家坚持理想、拒绝妥协的精神。

## 二、外圆内方的儒家

再看看儒家，儒家这个图形很有趣，儒家外圆内方，中国的古钱也是用这种造型。天圆地方象征天地之象，所以天圆地方跟这个外圆内方其实是相应的，中间那个方块，其实就是礼，我们一定要克己复礼。颜渊问仁，子曰："克己复礼为仁，一日克己复礼，天下归仁焉。为人由己，而由人乎哉？"儒家的教导一定是从当一个君子开始，就是克己复礼，要保住我们的基本原则。

但鸟兽不可同群，吾非斯人之徒而谁与？在坚持原则的同时，我们也要跟所有人能够和谐相处，所以君子和而不同。从中间的方块谈我们的不同，外面那个圆表示我们跟这个世界是和谐并存的。所以当孔子说他"七十而从心所欲不逾矩"，也就是跟世间一切达到了一种高度和谐无碍的状态，其实就是外面那个圆，但是孔子一定有内心的理想跟坚持，这就是为什么他要周游列国，寻求实现理想的机会，这就是我们所说的儒家。

如果墨家是绝对不妥协、绝对坚持的话，那么儒家就是内心有坚持，而外在又能跟世界和谐相处，儒家的精神在于淑世。

## 三、外圆内圆的道家

到了道家就认为，你儒家如果知道人跟人需要和谐相处的话，那你如果中间这么坚持，还怎么跟人和谐相处，这不就很有问题吗？所以道家就要把儒家中间的方块画圆，我不但外面是圆的，内心也是圆的。换言之，道家跟所有人都没有任何冲突。墨家坚持客观的天志，没有妥协的空间，只要跟我不同就一定冲突，因为两个方块只能打死，没有退路。儒家就很有趣，他内心还是保有他自己，但是他外面要跟你和谐。因为儒家认为，如果我们自己都没有立场的话，我跟你交谈什么？我今天跟你之间所以能分享，就是因为你有我所没有的，我有你所没有的，通过对话，我们交换彼此的智慧，实现共同成长。外圆而内方，所谓圆而神，方以智，这就是儒家的理想。韩非就以儒、墨为当时的显学，而儒、墨之间是彼此批评的。儒家批评墨家最直接的就是孟子，说墨家讲兼爱，是无父也，无父无君，是禽兽也。墨家也不客气，在孔子之后就批评儒家，有《非儒篇》为证。儒家强调厚葬，墨子认为儒家这个厚葬是过于奢侈浪费，所以要节用、节葬。韩非认为儒、墨两家相互批评，其实《庄子》中说得很清楚，就是《齐物论》所谓此一是非，彼一是非。你有一套标准，我有一套标准，我希望你来接受我的标准，你希望我来接受你的标准，所以彼此互相冲突，儒家跟墨家互不相让。在儒、墨互不相让的时候，庄子的态度是什么呢？庄子认为只有两条路可走，第一，除了儒家、墨家，我再来一个道家，三国演义。原来只是两个标准，现在变成三个标准，问题不但没有解决，反而更复杂了，所以此路不通。第二，庄子不是在儒家跟道家的中间，再建立第三种标准，他是在儒家跟墨家之上，建立一个超然而开放的立场，以此融摄各家学说。既然是开放的，所以庄子没有特别的立场，他中间是一个圆圈。庄子没有立场的意思就是说，你儒家有优点也有缺点，你墨家有优点也有缺点，我让你们各安其位，我只做这件事情。我既没有叫你变成我，也没有叫你变成他，你还是你，他还是他，我还是我。但是我要告诉你，你的价值在哪里，你的限制在哪里，这就是庄子的《齐物论》。所以庄子的《齐物论》并不是找一个标准，让你们跟我一样。儒家就是用一套标准，要求大家都跟他一样，孟子说这是一个观念灾害的时代，所以我们要辟杨墨而找出真理，让大家有所依循，墨家也是如此，所以双方就互相冲突。但是道家没有特定的立场，道家认为任何一派都可以坚持你的想法，其中各有其精彩，但是也各有其局限。我不齐则物自齐，各安其位，这是道家的智慧。所以，两个圆圈代表道家的开放精神，道家是最开放的智慧。

## 四、外方内圆的法家

最后我们看法家，法家外面是一个方块，里面是圆圈，跟儒家正好相反。中间那个圆圈就是术，法、术、势的术，外面那个方块是什么呢？就是法，法莫若显。要大家彼此和谐，法家认为你们三家是做不到的，因为见仁见智，每个人都会有立场的不同，如果这样下去绝对是分崩离析。所以法家认为我们外面一定要是一个方块，也就是要有法作为标准。但是你会说墨家不也是方块吗？法家认为墨家不行，最主要的原因在于你中间还是方块。中间是方块，表明你这个人没有任何的弹性，没有任何的调整能力，总是拿一个死规则来看待一切，那是不可能的事。所以韩非认为外面要是方的，中间是一个圆，这样才能以法统众领众，又有术来做调节和调整，这就是法家的思想内容。我们单从这四个图形，就可以看出四种先秦诸子思想对于时代的态度，法家是外方内圆，这是法家的精彩之处。

## 五、韩非对儒墨两家的批判

了解四家的基本思想之后，我们再看看韩非对于儒家、墨家的批判。第一，儒墨两家的源流不明，也就是来历不明。我们现在常常在街上看到有些招牌，总喜欢说我就是原始店，我是这个东西的创始者。每一家店都说他是原始老店，韩非用这个观点批评了当时的墨家跟儒家。韩非说墨家分为三派，儒家分为八派，但是三派的每一派、八派里面的每一派都说自己才是正宗，怎么可能都是真的？如果人人都认为自己是正宗，这其中一定存在不诚实，而我们居然相信，这不是愚蠢吗？没有证据却强调自己是正宗，不就是欺骗吗？儒家、墨家各派都说自己是正宗，不是愚蠢就是骗人。所以儒家跟墨家，不是脑袋不清楚就是骗人的，君王还要接受儒家吗？还要接受墨家吗？所以韩非对儒、墨两家的第一个批评，就认为儒、墨的根源不明，而且乱七八糟。

第二个批评就是说，就算他们来源都是很清楚的，但是儒、墨思想与立场是彼此冲突的。既然是两个冲突的学派，可是君王又同时接受儒家与墨家，这就会导致一个国家有两套标准，内部肯定是矛盾跟冲突的。所以，韩非认为同时采用儒墨思想是不恰当的。

第三，如果你说我同时采取儒、墨思想会产生矛盾，那么好了，我今天单独用儒家、明天单独用墨家总可以了吧！不行！为什么不行呢？以儒家为例，因为儒家只是适然之善，而不是必然之道。就是说儒家有时有效，这是适然之善；但是不是一定有效，它不是必然之道。既然儒家有时候有效有时候无效，谁的思想才是绝对有效呢？就是我韩非的思想啊！韩非所建构的是必然有效的必然之道，而不是有时候有效有时候无效的适然之善。不管是儒家式的还是墨家式的，都不是必然有效的做法，你不能说他一定无效，但是他不一定是有效，既然不是一定有效，就不可以依赖。一定有效靠什么呢？靠法治！所以韩非并不认为墨家、儒家一无是处，他也不是这么极端，他只是告诉你，儒墨思想都不够好，不够好是因为他们都不是必然之道，都只是适然之善而已。各位想想看，你今天开了一部车，刹车踩下去有时候会停、有时候不会停，那还得了！那叫适然之善。我现在踩下去，一定停，这叫作必然之道。治国不能靠适然之善，而必须用必然之道，这是韩非对于儒家的基本批评。

最后，韩非再次提醒我们，就算你用了儒家，而且儒家也很好，君王还是会被骗。孔子听到宰我讲话就认为这个人很好，后来发现其言与智不相称；看到澹台子羽，子羽是一个美男子，孔子就觉得这个人很好，后来发现他的行为与容貌不相称。这就是所谓：以貌取人，失之子羽，以言取人，失之宰予。连孔子这么聪明的圣人，都会被欺骗而有错误的判断，更何况现在的臣子比宰我更会说话，君王要不被蒙蔽也很难。所以，君王千万不要轻易相信那些面貌长得很好看的人，那些讲话很好听的人，这些都有名无实，无法提供实效。因此，我们唯一的选择就是法治，我是要找一个能帮我做事的人，这就是韩非放弃适然之善而重视必然之道的理由。

以上我们先用四张图，让各位很快地了解儒、道、墨、法四家特殊的格调。接着我们说明韩非为什么不接受儒家，不是说儒家一无是处，而是认为儒家有时候有用，有时候没用，它只是适然之善，而不是一个必然之道。韩非放弃儒家而接受法家思想，儒、法之争的关键，就是适然与必然之争！

# 第八讲　用"无为"两个字读懂中国文化

这一讲我们用一个很特殊的概念"无为"，来说明儒、道、墨、法的政治思想。

## 一、"无为"不是道家的专利

中国人很喜欢谈无为，很多老外听到无为都觉得难以理解，无为怎么可能无不为呢？无为不就是什么都不做吗？什么都不做，怎么可能无不为呢？这不是矛盾吗？其实这里面有蛮多的智慧跟想法。

一谈到无为，我们第一个想到的就是老子。老子讲无为而治，我无为而民自化，无为无不为，我们谈老子似乎就是谈无为。其实，"无为"既是儒家的概念，也是法家的概念，所以无为是一个共法，共法的意思就是说不管是儒家、道家、墨家、法家都可以谈无为，只是谈的方式不同。无为常常让我们想到是老子没什么问题，但是我要提醒各位，其实无为不是道家的专利，我们不能用无为来区分谁是儒家，谁是道家，谁是法家，因为无为只是一个共法。

老子常常谈无为，无为而无不为，其实这不是一套知识，而是一种智能。道家认为儒家每天在谈仁义教化治国，可是当礼坏乐崩的时候，礼已经不再具有积极教化的意义，它反而是一种人性的僵化与扭曲，是所谓礼教吃人。换言之，当文化体系崩溃的时候，仁、义、礼的有为就会出问题。所以《老子·第三十八章》说："夫礼者，忠信之薄，而乱之首。"很多人根据这段文字，就认为老子对礼乐教化是极端否定的，不过这段文字只是老子思想的一部分，你要看它的上下文，你就会完全改变你原有的观点。这整句话是："故失道而后德，失德而后仁，失仁而后义，失义而后礼。夫礼者，忠信之薄，而乱之首。"礼者之所以为忠信之薄而乱之首，是因为礼没有了义，义没有了仁，仁没有了德，德最后没有了道。所以，礼失道、失德、失仁、失义，就是"礼者，忠信之薄，而乱之首"的前提，在这种前提下的礼，当然是不好的。反过来说，如果我们今天有道、有德、有仁、有义，请问，这个时候礼还会坏吗？所以从这个角度来看，老子不是一个礼乐的否定者，也不是一个文化的否定论者，他不是要去否定文化。老子只是说，如果我们没有道、失道的话，那么我们所有的文化都会出问题。你要什么样的礼都可以，但是无论你要做什么，你必须要有道，没有道的基础，你做什么都不成。你要做什么我都尊重你，这就是老子。所以我们上次用了两个圆圈说道家，道家完全尊重每一个人自己的选择，所以道家思想是最开放的。

韩非写了两篇重要的文章，一篇叫作《解老》，一篇叫作《喻老》，他为什么不去解《孟子》，不去解《荀子》，不去解《论语》呢？这其中是有道理的。因为无论是《论语》《孟子》，还是《荀子》，他们的立场非常明确、非常清楚，但是老子不是如此，老子的思想是开放的，老子不采取任何立场，这就是道家。这就是为什么韩非会"解老""喻老"，然后把老子思想纳入自己的思想系统，因为老子思想是最开放的。这也就是为什么我们特别喜欢读《老子》，而且每个人读《老子》的心得都不一样，《老子》的超越和广博能带给人很大的想象空间。《论语》就很难被人这样子做无限的想象，"志于道，据于德，依于仁，游于艺"（《论语·述而》），路已经帮你画得很清楚了，圣人之道就是这样子走。但是你看庄子跟老子就没有这么做，所以以后你要写畅销书，要把握一个很重要的原则，就是要尽可能开放包容，这样才有最大的可能性，来邀请读者的参与和想象。所以《老子》翻译最多，量高于《论语》，通过《老子》，每个人都可以读到自己。道家根本就是像一面镜子，所以你不是读《老子》，根本是读你自己！为什么越读越有趣，觉得老子越来越像我，其实老子不是越来越像你，而是你自作多情。老子啥也没说，只是给你一面镜子让你慢慢看，让人越看越过瘾，这也是老子的特殊智慧。

道家强调"我无为而民自化"，让每个人都成为他自己。

我们常常讲，有一种冷叫"妈妈觉得冷"。明明天气不冷，但是妈妈总是怕你冷，要你多穿一件。依我来看，就是管太多了嘛！小孩子会自己调整，父母有时实在是太操心了。所以，父母有时候要学一点儿道家的精神，就是 Let it be，让他去，子女才能有自由跟空间。从亲子关系来看，妈妈都是墨家，每天抓得死死的，所以小孩有时候也挺可怜的。因为这是爱，即使是不太适当的爱，小孩也没有办法拒绝父母。碰到一个外人你还可以拒绝，她是你妈，你能拒绝吗？你忍心拒绝吗？这就是最大的问题！所以，道家的智慧能够让我们重新建立良好的亲子关系，秘诀是要懂得无为。

了解道家的无为之后，我们再看看儒家的无为。孔子盛赞舜。《论语·卫灵公》："子曰：'无为而治者，其舜也与，夫何为哉！恭己正南面而已。'"舜正是儒家无为而治的典范！所谓"君子之德风，小人之德草"；"为政以德，譬如北辰，居其所而众星拱之"；"子帅之以正，孰敢不正？"只要上位者自己正了，底下就会风行草偃，整个国家就会迈向和谐，怎么还需要你啰唆呢？所以无为而治，在儒家是德治，用道德来谈无为而治。在道家是用自然来谈无为而治，在道家看来，重要的不是给人民什么东西，而是把人民的困扰、干扰、痛苦拿掉，所以道家是一种减法的哲学、无的智慧。儒家就是要给你东西，墨家也是，都属于加法的哲学。

其实，墨家也能谈无为而治，因为墨家最后一定要尚同于天志。人不需要想那么多，只要能无我，完全遵守天志就可以了。墨家的无为而治，是以宗教性的天志作为唯一标准，一切依天志行事，这也可以是一种无为而治。

以上三种无为而治都讲过了。儒家是用道德来谈无为，正人君子以正德治国，底下也不敢为乱，是德治的无为；道家是法自然，我无为而民自化，我不去干扰他，让每个人成为他自己，这是道家的自然无为。墨家要你根本想都不要想，只要遵守天的旨意就可以了，这是天志下的无为而治。所以从道德、从自然、从天志都可以讲无为而治。

最后看看法家的无为而治。法家认为，儒、道、墨三家思想都有问题，都不能成立。儒家说有德就能够治国，但是孔子不是有德吗？谁服他？孟子也很好，但是君民也不受教，孟子也无法真正治国。所以，有德是不是就能治国呢？韩非认为不一定，因为儒家思想只是适然之善。儒家的无为而治不能成立，因为好人不一定能够当君王，这是事实，你翻开历史就知道。道家让每个人都成为他自己，这似乎也不错。但是，如果"我成为我自己"的意思就是我要拥有所有的钱，那我们之间永远会有冲突，怎么可能让每个人都各安其位？怎么可能说我只要能够无为，民就会自化？韩非认为这是过分乐观，而且是过分简单化的想法。当国家没有法令的时候，人们彼此之间的冲突更加激烈，绝非道家的无为而治所能解决。

韩非对于墨家比较同情，因为法家、墨家都要求遵守一个客观的规范。不过天志太抽象了，根本就是一个虚无缥缈、遥不可及的东西，你用一个虚无缥缈、遥不可及、无法证实的天志来治国，要人民都接受，怎么可能成立呢？所以最后韩非认为，儒、道、墨三家的无为而治都不能治国，治国之道只能靠法家了。法家所提倡的无为而治，就是法治的无为而治。在法律结构里面，每个人都有每个人的位置，根据法律循名责实，你扮演什么角色，你就完成什么任务。是老师就好好教书，你不好好教书我就罚你；当学生就好好听课，学生不听课我也罚你；你好好教书、听课我就多给你奖金，如此而已！通过法律让一切按部就班，这个时候我们还需要管人吗？所有的人都会跟随着法律的节奏，在法律范围之内各安其位了。所以韩非认为要依据法，才能够让人各安其位，靠儒家讲道德是不够的，靠墨家的天志是无效的，靠道家无为自然的方式，让人民各安其位，其结果就是都无法各安其位。

## 二、"无为"的比较

《论语·为政篇》："子曰：'吾十有五而志于学，三十而立，四十而不惑，五十而知天命，六十而耳顺，七十而从心所欲不逾矩。'"七十啊！七十岁就是到了一个很成熟的阶段了，这个时候的心已经非常干净了，这才能够"从心所欲不逾矩"。韩非是把它转过来，一般人从心所欲往往是逾矩的，一般人又不是圣人，心哪里那么干净，还是有很多杂质，有很多私念、偏见、盲点。所以韩非认为，从心所欲不逾矩那是圣人，可是真正的圣人能有几个？政治家建构法律是为了管圣人吗？圣人根本不用管，我们要管的就不是圣人。既然你不能从心所欲不逾矩，就说明你应该遵守一个规范，所以韩非把它反过来，叫作"不逾矩而从心所欲"。在法的规范下，你爱怎么做、做什么都可以，这是六十分哲学。儒家要你慎独，你一个人独处的时候，要反省自己的心是不是干净的，《中庸》《大学》讲慎独、诚意、正心，自我反省，所谓"吾日三省吾身"就是如此。法家从来没有叫你"吾日三省吾身"，只能在法律允许的范围内，在遵守法律的前提下，你要做什么都予以尊重，因为法家认为他人的动机我管不着。今天你当一个老师，你在学校就是认真教学，好好做研究，把该做的事情做到。至于你个人喜欢爬山，喜欢下棋，喜欢养鱼，这是你个人的事情，你要不要"吾日三省吾身"也是你个人的事情，法律既没有规定，也不要求你必须慎独。但是法律要求的义务，你一定要做到，这叫作"不逾矩而从心所欲"。

在韩非看来，君王根本不需要这么辛苦，一切就跟随着法律的结构跟节奏，一步一步地去做，何难之有？这就是法家法治的无为而治。简而言之，法家就是通过一种法律结构的方式，让所有人在这个结构里各安其位。

其实，韩非这个讲法从某种意义上说，跟儒家是接近的，最有名的例子就是孔子讲的正名。《论语·子路》："子路曰：'卫君待子而为政，子将奚先？'子曰：'必也正名乎！'子路曰：'有是哉，子之迂也！奚其正？'"孔子要去从政，子路就问，你第一件事要做什么？孔子说，必也正名乎，先正名。子路一听就觉得老师你怎么那么迂腐，你今天去不是应该开运河、建高铁、架水库、弄 AI 吗，你怎么来一个正名呢？老师你太迂腐了。孔子也不客气，马上骂回去，你这个人粗鄙，君子于其所不知，盖阙如也，知之为知之，不知为不知，是知也。我讲正名，你应该说，老师请问你的正名是要说什么？你也不懂，也不问我正名是什么，你就说我迂腐，你不是太急躁了吗？所以子路常常被骂，就是这个道理，他太急躁了！正名是什么？正名就是君君、臣臣、父父、子子。后来很多人批评儒家，说你们这些儒家到什么年代还跟我讲君臣。其实，孔子的立场是说，我们身处社会，不管是君还是臣，是父还是子，都应该尽其所是。老师就像老师，学生就像学生，君像君，臣像臣，父像父，子像子，我们分别把自己的角色扮演好。

　　所以后来西方也有人认为儒家的这种做法，是一种所谓角色伦理学，这个想法跟孔子讲正名不能说没有关系。照孔子所想，当君把君的事情做好，臣把臣的事情做好，一切各安其位的时候，君王还有什么事情好做呢？这就是无为而治。所谓举重若轻，治大国若烹小鲜，也是这个意思。

　　韩非主张循名责实，这个主张可以追溯到孔子的正名，只是孔子不只是从政治的角度来看，他还从道德的角度来看。孔子并不是要我们在今天还去扮演古代的君臣，君君、臣臣是说明政治意义，父父、子子是说明伦理道德意义。孔子只是说，我们扮演什么角色，就应该尽那个角色的责任和义务。今天我们没有君臣了，但可能有总统、经理、科长，还有其他的行政人员，我们还是要尽我们角色的责任，这才是正名的精神实质，至于正名的内容，当然要与时俱进。

　　到了老子的时候说"道可道，非常道，名可名，非常名"，还是讨论名。名家也就是讨论名的学派，名这个概念很重要。所以，无为是一个共法，大家都可以用，只是用法不同，我觉得法家思想最精彩的地方，就是它最容易而且能最清楚地达到无为而治的效果，也就是通过法治，而它的根源是可以接到孔子的正名论。

附带一提，儒家谈五伦，君臣、父子、夫妇、兄弟、朋友，现在我们只问一个很简单的问题：师生应该定在什么伦？师生不一定是君臣关系，师生不一定是夫妻关系，师生当然也不一定是兄弟关系，那只剩下父子跟朋友伦。但是师生不必是父子，因为师生不是以血缘关系规定的呀！所以，师生应该是朋友伦。问题是，我们俗话不是说"一日为师，终身为父"吗？这该怎么说明呢？原来，父母给了我自然生命，但是让我成为一个人，从一个自然的生命变成一个文明的人，这个过程是靠老师、靠文化。师生之间这种类似父子的意义，应该是说父母给了我自然生命，老师给了我文化生命，从这个意义上说仿佛是父母一般。师生关系是师友之道，师生是友道，友是朋友，择善者，朋友之道。所以，师生之间一定要择善，一定要追求知识、追求真理。我们常说师父徒子，君父臣子，夫君臣妾，父兄子弟，其实，这是把五伦全部用父子伦去贯穿，是一个很大的错误。父子是血缘关系，但是君臣之间并不必有血缘关系。所以后来韩非根据这一点，认为说君王对于你的臣子再好，也好不过父母，更何况慈母有败子。小流氓见到妈妈也可以要赖，面对警察时则乖得很，同样的人会跟妈妈撒娇，跟警察就没话讲。韩非就告诉你："威势之可以禁暴，而德厚之不足以止乱也。"因此治国，当然要用法家。

这次我们就通过无为这一个概念，来了解儒家、道家、墨家跟法家的无为而治，法家的无为而治最容易，而且能够直接治理国家，这是法家无为而治的精彩之处，也是韩非思想的精彩之处。

# 第九讲　当韩非遇见墨子

这一讲，我们把韩非跟墨家拿来做一个比较。

## 一、致虚极，守静笃

为什么要把墨家请出来，其实是有原因的。

我们前面把韩非跟儒家、道家先做了比较，从中看出了中国哲学很重要的一个特色，就是它是一个生命的学问。什么是生命的学问呢？这个学问不是说我们对于生命有什么了解而已，不只是说我知道生命，我了解生命，还不是这样子。因为那只是我对生命有认知而已，所谓生命的学问的意思是说我们要真正参与创造我们的生命。我们不只是要知道什么是圣人，什么叫贤者，什么叫小人，我们还要成为一个君子，一个圣贤，所以，生命的学问是一个实践之学，它一定要实践。在佛教里面常用一个比喻"说食不饱"，意思是虽然你说吃了一口好菜，但是你没有请我吃，我肚子还是饿的。儒、释、道包括法家的这些思想，是要我们真的能够去身体力行地实践。在这个实践的过程中，我们就会有生命的感动和体会，这个时候我们才能真正地受用。

　　生命的学问是一种实践之学，它不只是知识之学，实践重视智慧，所以也是智慧之学。但是这个智慧也不是凭空而至的，如果你想要有这个智慧，就一定要能够实际地参与。荀子批评孟子性善论时就认为，既然人性本善，还有什么好修养的，既然人需要修养，就表明人不是性善的。其实，孟子的性善论只是说明我们有一个性善的基础，但是这个基础还需要我们把它发扬光大，所以我们还要经过实践跟修养，才能把原有的善性真正呈现出来，所以修养论不但重要，而且非常特殊。西方哲学就不太重视修养这一块，但中国哲学却极重视这一块。儒家当然有修养论，孟子强调知言养气、存养扩充，让自己的不忍人之心尽量地发扬光大。不但要存本心，而且要养本心，所谓"以直养而无害，则塞于天地间"，我们就会有浩然之气，这就是儒家的修养功夫。道家修养论的基本原则非常简单，就是《老子·第十六章》所说的"致虚极，守静笃"六个字，这就可以贯穿到法家的修养论。在老子来看，"致虚极，守静笃"里的那个致、守都是动词，也就是一种修养功夫。

　　整个中国的学问，如果你不了解它的修养功夫，你就无法了解它的智能与境界，一切都只是隔靴搔痒，根本无法体会。

所以，"致虚极，守静笃"六个字中的动词最重要，就是"致"跟"守"。致就是推致，所以要致虚，要达到虚的境界，而且非常极致。达到"致虚极"的修养之后，你就会有一种静的境界，所以程明道不是有一首诗吗？"万物静观皆自得，四时佳兴与人同"，这就是致虚守静境界的写真，极美！不过我要提醒各位一点，这个静绝对不能跟动来相对，如果静跟动是一个相对概念的话，那静就不一定比动好。依《易经》来看，"生生不息"，一切都是变动不居的，怎么能说动是不好呢？所以，程明道所说的"万物静观皆自得"，那个静观其实是一种超越的静观，不是安静的意思，我们一定要把这两种静分清楚。因为"致虚极"才能够"守静笃"，才能够拥有超然掌握一切的智慧，而且要把它守得非常笃实，这叫作致虚守静。

但是我们要知道，韩非也谈致虚守静，道家谈"致虚极，守静笃"，最后的目的是要体道、求道。《老子·第十六章》所谓："致虚极，守静笃，万物并作，吾以观复。夫物芸芸，各复归其根。归根曰静，是谓复命。"韩非也谈致虚守静，但是韩非的致虚守静，最后的目的不是要去体会大道，他的目的是要以此为术而用法。所以，韩非所说的术，就是通过虚静所达到的境界，其目的不是要去知道什么天地之大道，而是要用这种虚静的智慧去行治国的法。所以道家是道法自然，把自然摆在最高点，把道摆在最优先，道无所不在。到了韩非，就是把那个道改成法，法就是最优先的，法无所不在，你要虚静才能用法去掌握一切。这个法本来掌握得好好的，结果你不虚静，东改动一下，西变化一下，动不动就去破例，这个法就不成形。

这就是为什么韩非讨厌那些小智小慧，因为小智小慧恰恰遮蔽了我们对大道的掌握。

韩非跟道家都谈虚静的修养，但是中间有一个过渡性的人物，那就是荀子。荀子以"虚壹而静，谓之大清明"来谈我们的心，《荀子·解蔽篇》："虚壹而静，谓之大清明，万物莫形而不见，莫见而不论，莫论而失位。"从老子讲致虚极，守静笃，然后到了荀子称为虚壹而静，这两人都影响了韩非的修养论和术论。道家虚静是为了求道，荀子虚静是要来推展礼乐教化，而韩非的虚静之术，是为了能够用法来治国。所以对先秦的思想发展史，一定要这样去看才通透，同时对于先秦虚静之说，才会有一个完整的脉络和把握。


## 二、兼相爱，交相利

需要指出的是，这里面有个例外，半路杀出了一个程咬金，就是墨家。

在先秦诸子里面几乎都谈实践之学、生命之学，所以一定要谈修养，不谈修养怎么实践呢？其中例外的是谁呢？就是墨子。墨子说，我们不需要修养，我要等你修养好，不知道要等到什么时候？这种主张跟法家讲的完全一样，你不要跟我谈修养，你就依规定办理、依法办理，这里只要服从天志，没有个人修养的问题。在墨家来看，墨家并不期待每个人致虚守静、克己复礼，若要等每个人修养好以后再去治国去乱，那已经不知道要到什么时候了。所以墨家认为不要想那么多，听我的！准确地说也不是听我的，是听天的意志，这叫尚同于天志，这是墨家的立场。服从天志的权威，要求每个人都要兼相爱，交相利，并不要求我们去修养。儒家谈修养、道家谈修养、法家也谈修养，唯一不谈修养的就是墨家，这非常特殊。墨家认为，你不需要修养，听从天志就可以了，所以墨家是标准的权威主义。天子要我做什么，我就做什么，人民服从天子就跟服从天志是一样的。这个想法对韩非的影响很深，所以韩非也是一个权威主义者，只是墨家服从天志、法家服从君王而已！

修养论就是术，这个术是给君王用的，术是君王用来治国的工具，所以一般臣子其实是不谈术的。术是针对君王说的，是君王的专利，君王必须以术、以虚静来治国。墨家既然不强调修养，自然也不重视心性论，人民只要遵守、服从天志就好了，所以墨家思想简单而一致。墨家的理论非常浅白，所以墨子不是以深刻的思想家行世，而是以热情的实践家著称。墨家既不像道家玄之又玄，也不像孟子的善辩，更不像孔子留了这么多智慧的语言，墨家非常务实。儒、道、墨、法四家思想从理论层面来看，墨家是最贫乏的。可是问题来了，理论这么贫乏的学派，孟子为什么把墨子跟杨朱视为假想敌，把辟杨墨作为他的首要目标，当然，他也攻击了告子。《韩非子·显学》："世之显学，儒墨也。"你说儒家，不管理论、实践都有丰富的内容，作为显学当之无愧，墨家凭什么也能成为显学呢？我读《墨子》的时候就觉得墨家的理论很薄弱，跟先秦诸子的学说比起来实居下风。果真如此的话，墨家凭什么还能独领风骚而跟儒家齐名？后来我发现很重要的一点，就是实践！原来，墨家不谈修养，但是重视社会实践。墨子摩顶放踵，利天下而为之，先秦诸子讲了半天理论大多数都没有付诸行动，而墨家却直接上场去做了。兼相爱，交相利，第一步就踏出去了，这就是墨子的动人之处！所以墨家的学问，我觉得不是靠理论说服你，不是靠辩论，而是靠行动。当然，墨家也有墨辩之学，那是到了后期，但是墨子本人基本上就是实践，我就做给你看！这种实践精神，引发非常多人的感动，进而使墨家形成了非常大的集团。在当时不管是儒家、法家，包括庄子，都认为墨家是非常重要的显学。所以先秦诸子里面，唯一不谈修养论的就是墨家，墨家是标准的实践家，也是典型的权威主义者，这些都影响到了韩非。

## 三、权威主义与功利主义

另外，孟子有三辩之学。第一个就是"人之异于禽兽者，几希"，这叫作人禽之辩，强调人跟动物的差别。《孟子·离娄下》："孟子曰：人之所以异于禽兽者，几希，庶民去之，君子存之，舜明于庶物，察于人伦，由仁义行，非行仁义也。"第二个是"君子喻于义，小人喻于利"，这叫作义利之辩。《孟子·告子上》："孟子曰：鱼我所欲也，熊掌亦我所欲也；二者不可得兼，舍鱼而取熊掌者也。生亦我所欲也，义亦我所欲也；二者不可得兼，舍生而取义者也。生亦我所欲也，所欲有甚于生者，故不为苟得也；死亦我所恶，所恶有甚于死者，故患有所不辟也。"第三个就是王霸之辩。王是以王道仁政为主，治国理念是重德，而不是靠力量的大小，所以王不待大。霸是靠力，所以霸必是大国，非大国无力称霸。《孟子·公孙丑上》："孟子曰：以力假仁者霸，霸必有大国；以德行仁者王，王不待大——汤以七十里，文王以百里。以力服人者非心服也，力不赡也；以德服人者，中心悦而诚服也，如七十子之服孔子也。《诗》云：'自西自东，自南自北，无思不服。'此之谓也。"

孟子三辩之学讲得很精彩动人，但墨家认为，儒家的说法惠而不实。依墨子的说法，现在天下为什么会乱呢？那是因为大家不相爱，不相爱就会交相贼而乱。所以，我们应该用兼相爱取代不相爱，只要你我能兼相爱，自然就不会交相贼，自然就不会乱了。兼爱就不会去害人，就不会乱，这是墨子学说的理论根源。但是如果我们仔细研究一下，就会发现兼相爱其实是虚的，交相利才是实的！你光说兼相爱那是没有用的，你信用卡借我，刷了才是实在的。若从这个角度来看，天子是实的，天志是虚的，所以人民要服从大臣，大臣服从君王，君王服从天。但是天从来不讲话，所以真正掌权的是天子。如果我们能这样了解的话，那么，韩非跟墨子思想相同之处，就是权威主义，在墨家是天子，在法家也是天子，只是墨家的天子上面还有一个天，而韩非却把那个天拿掉了，所以君王就成为最后的权威，这是墨家思想对韩非的第一种影响：权威主义。

第二种影响是功利主义。我们只是讲兼相爱是不能止乱的，那只是主观的感情，不能用来治国，所以就要用客观的交相利。这个交相利不只是我给你利益，而是各给各的利益，各有各的利益，它具有普遍性。所以人跟人之间，其实就是利益关系，这是墨家的想法，也是人性的本质。韩非认为，人性的本质就是趋利避害，所以韩非就要把兼相爱去掉，因为那是主观的，而用法来实行交相利，以法规定彼此的责任跟义务。这才是实用的、客观的。遵守法就有利，不遵守法就受罚，这是交相利的另外一种表现，所以韩非是功利主义、权威主义。

从这个角度来看，韩非一方面批评了墨家，但是一方面也吸收了墨家。韩非对于儒家和墨家是极为反感的，所谓："儒以文乱法，侠以武犯禁，而人主兼礼之，此所以乱也。"侠就是指墨家，这两种人都不受教，都不以法律为最高标准。君子喻于义，小人喻于利。那还得了，利都不要了，你怎么会被我的赏罚所控制呢？此外，那些所谓游侠、侠客，路见不平就拔刀相助，视国法于何在？所以韩非认为这两种人，会造成社会的动乱，他对儒、墨两家持极度批判的立场，理由就在这里。韩非并不认为这两种思想本身有什么问题，而是这两家的存在，会让我们国家的社会秩序受到极严厉的挑战，这是韩非所不允许的，因为法家必须要维持国家基本的秩序，这就是韩非批评儒家和墨家的根本原因。

# 第十讲　定法篇

这一讲试着以酒文化为例，展开对于韩非思想的理解。

## 一、频呼小玉原无事，只为檀郎识此声

　　酒文化在人类文化史上的地位是非常重要的，酒有着非常广泛深远的意义。第一，我们用酒来祭祀，就可以上通天地鬼神；第二，我们把酒言欢，可以通人我之好；第三，就是李白说的"花间一壶酒，对影成三人"，这是一种个人的生命疗愈。其实，这就是黑格尔哲学里面的三个精神层次：主观精神、客观精神、绝对精神。当我们用酒来祭祀，以通天地鬼神的时候，从黑格尔哲学的角度来看，就是一种绝对精神的表现，就是我们跟宇宙最大的能量场、天地的奥秘之间进行的一种最深刻的

互动。第二，我们在很多场合都会用酒来助兴，通过酒，让我们更能打破彼此的隔阂、疆界，让我们能够把酒言欢，通人我之好，这是客观精神的社会性意义。第三个就是能够自我安顿，也就是主观精神的表现。花间一壶酒，让自我能够反省、调适、欣赏生活的一切，岂非美事？有了这层了解，当我们下次喝酒的时候，就会发现酒文化的意义，确实是非常深刻玄远且广大丰富的。

在儒家来看，酒最重要的意义当然是祭祀，就是作为一种礼的媒介与形式。因为儒家重视礼乐教化，所以，首先会把酒拿来祭祀的是儒家，当然，儒家也很重视通人我之好。第二，如果是墨家呢？墨家是所谓的气魄担当，所以会一饮而尽，这就是侠客精神。那如果是老庄呢？就是"绵绵存，用之不勤"，所以是慢慢品味。那法家呢？我告诉各位，法家根本不喝！不喝，是因为法家要维持他的理性和客观性。从这个角度来看，法家完全不接受酒的这三种意义，因为法家根本不去谈什么天道性命，我遵守人间的道埋就可以了，所以绝对不会像儒家那样拿酒来祭祀，法家哪有时间祭祀，治国太忙了。法家会不会一饮而尽呢？绝对不行，因为人绝对要遵守法律，绝对不可以顺着自己主观的好恶性情去行动，那一定会违法乱纪。所以，对一饮而尽这种豪情，法家敬而远之。法家不需要豪情，法家需要的是理性跟冷静，如此而已。第三个就是要说，要不要细细品味呢？大概法家也没有这个兴趣，也没这个闲情逸致。所以法家可能仅仅是端起酒杯，但不会去喝酒，端酒而不饮就表示他只是一个旁观者，一个冷静客观的掌握者，这就是法家精神。

禅宗里面有一首诗偈："频呼小玉原无事，只为檀郎识此声。"大意是说，公子到家里来了，小姐不好意思出去，就叫丫鬟小玉。小玉问，小姐有什么吩咐？小姐说，没事没事、下去下去！小玉说，没事那我下去了。小姐干吗要叫小玉呢？其实她不是叫小玉，她是叫给那位公子听的。"频呼小玉原无事"与"醉翁之意不在酒"，颇有相似之处。频呼小玉原无事，制定法律也是原无事，那不是目的，目的是希望违法乱纪的事都不要发生。大家都按照法律来做事，让君王根本不必使用罚则，这才是韩非真正的用心。

## 二、法家思想的整合

《定法篇》很重要，韩非在这一篇中讨论了法家内部两个重要的学派：一个就是商鞅，商鞅是重法派；另外一派就是申不害，申不害是所谓的重术派。一个重法，一个重术。法、术外还有势，慎到是重势派，所以韩非的《难势篇》就是讨论慎到的势治说。《韩非子》内容丰富，其中《定法篇》跟《难势篇》极为重要，因为《定法篇》强调法术的意义与功能，《难势篇》则是告诉我们势的重要。这两篇把法家三派的内部问题彻底解决了，至于想要懂得韩非对于其他学派的批评，最重要的就是《显学篇》。至于国家内部的整合，以及国家现状的反省，就是《五蠹篇》，国家有五种蠹虫，把他们除掉之后，整个国家才能真正强大。

我们先看《定法篇》：

> 问者曰："申不害、公孙鞅，此二家之言孰急于国？"
> 应之曰："是不可程也。人不食，十日则死，大寒之隆，
> 不衣亦死，谓之衣食孰急于人，则是不可一无也，皆养生
> 之具也。今申不害言术，而公孙鞅言法。术者，因任而授
> 官，循名而责实，操杀生之柄，课群臣之能者也，此人主
> 之所执也。法者，宪令著于官府，刑罚必于民心，赏存乎
> 慎法，而罚加乎奸令者也。此臣之所师也。君无术则弊于
> 上，臣无法则乱于下，此不可一无，皆帝王之具也。"

此文的意思是说，法跟术到底哪个重要？韩非说，这是个假问题！冬天的时候你不穿衣服就会冻死，不吃东西就会饿死，所以，你既不能没有衣服，也不能没有食物。所以一个君王既不能没有法，也不能没有术，此二者不叫一无，皆帝王之具也，法与术两者不可或缺，都是君王统治国家的工具。

我们看韩非对法的界定：

> 法者，宪令著于官府，刑罚必于民心，赏存乎慎法，
> 而罚加乎奸令者也。此臣之所师也。

宪令著于官府，说明法是公开透明的；刑罚必于民心，说明依法的赏罚是必然而普遍的。慎法必赏，奸令者罚，无有例外，

而这样的法是人臣必须要师法遵守的。法是给人臣守的，不是给君王守的，这是重点。

再看看对申不害术的界定：

> 术者，因任而授官，循名而责实，操杀生之柄，课群臣之能者也。此人主之所执也。

术就是一种督察的能力，君王依臣子的能力、专长而授予其官职。官职有其角色与功能，君王依其职责而要求其效能，依其成败而给予相应的赏罚，这是君王必须掌握的权力。无论是法还是术，此二者缺一不可，就像我们冬天既需要食物，又需要衣服一样，所谓"不可一无，皆帝王之具也"。既然法、术都是帝王之具，它们便只是一种工具而已，那么帝王之所以为帝王的关键，就不在这个工具上，而是他拥有绝对的权势，这才是帝王真正的优势。韩非的想法很简单，君王之为君王就是有势，没有势的就不是君王。有势才能有赏罚，有赏罚才能推动你的政策，所以势才是君王最重要的力量。然后法跟术是用来辅佐君王的工具，君王的势力赏罚要通过法跟术这两个工具才能够充分地实现。

我认为《韩非子》里面的法、术、势这三个重要的概念，最优先的应该是势，这才是韩非思想的最终目的。既然法家重法、重术、重势，那我就把这三派整合起来不就好了吗？韩非认为没有那么简单，因为这三派讲法都有缺点，所以你不能单纯把它们叠加起来，而是要把它们的优点加以保留，把它们的缺点加以扬弃。

商鞅循名责实，信赏必罚，秦国大治，可是秦国并没有因为商鞅的法治而得到真正的利益，因为你没有术。未来秦国的强盛和战胜应该归功于君王跟国家才对，但是因为你没有术，臣子就会把这些功劳据为己有。所以虽然秦国一直在打胜仗，可是国家真正的利益并没有增加，反而是私人的利益在不断地膨胀，这就是为什么商鞅虽然治秦，却不能统一天下的原因。

申不害重术，虽然可以补商鞅法的不足，但韩非认为申不害重术也有问题，因为申不害是重术而无法，其结果就变成当君王要用术来考核臣子的时候，臣子就会因为你法律的不一致而钻法律漏洞。如果以前的法律对我有利，就依前法；若依现在的法律对我有利，那就依现在的法律。所以虽然君王有术也拿他没辙，因为他都有法律的根据，这就是所谓重术不重法，没有真正把法建立起来的结果，你找不到一个统一的标准要求臣子。商鞅是找到了标准，可是没有术，臣子会将法律做一种片面的解释，商鞅未尽法是缺少了术。而申不害这个术因为没有法，所以这个术也是不够的。你说商鞅有法无术，申不害有术无法，那就把这两个加起来不就好了吗？没有那么简单。韩非认为商鞅的法、申不害的术都有问题，所以，不是说把二人的法跟术加起来就可以了，而是要把商鞅的法里面不合理的成分去掉，把申不害的术里面不合理的成分去掉，然后才能完成两派的真正结合。第一，单单有法或者有术是不够的。第二，把它们加起来也不行，因为这两个各有它的缺点，必须把它们重新调整安排之后才能用。由此可知，韩非的思想其实充分地发挥了整合性，他不是像吃火锅一样把所有东西丢到里面，而是经过选择、淘汰，也就是对双方都有所扬弃，这才是真正意义上的整合。

韩非对于法家内部的整合，主要集中在《定法篇》跟《难势篇》这两篇。《定法篇》指出，无论是商鞅的法，还是申不害的术，都是必要条件，缺一不可，两个都是帝王治国的工具，目的是为了让君王的势力能够充分而稳固地展开。但是不管商鞅的法，还是申不害的术，把它们两个直接加起来是不行的，这两个都要经过修正之后，再把它们整合起来，才能有效地解决问题。

扫一扫
进入课程

# 第十一讲　韩非的六十分哲学

## 一、活着是硬道理

在这一讲开始，我先跟大家举一个例子。我们知道高速公路上都有路肩，当我们在遇到一些特殊状况的时候，可以有一个地方暂停闪避，这也是法规的规定。但是在堵车的时候，很多人贪图方便，往往就会违规走路肩，造成更严重的堵塞。无论是劝导还是宣传请大家不要违规，但似乎成效不彰。

这种现象在韩非看来，既不用那么辛苦地劝导、宣传，也无须动气伤身，忧国忧民，只要安上监视器，纳入大数据，违规与否一目了然，直接加以重罚，即可收立竿见影之效。韩非的想法就是强调只有制度才是可靠的，法律才是有效的，儒家式的道德劝说，既耗时费力也无实效。韩非痛斥儒、墨二家显学，所谓"儒以文乱法，侠以武犯禁"，就是破坏法律，也就是置他人于不确定的险境之中，这就是韩非要去除儒侠的理由。韩非强调依法治国，以赏罚推动政策，如果人民不受利害左右，赏罚便无法控制，人民也就成了法外之民，是赏罚所不能控制的漏网之鱼，这就破坏了法治的普遍性与必然性。

儒家说君子喻于义，小人喻于利，利诱赏罚，还真拿他没辙，所以这种人最麻烦。另外就是我们所说的侠客墨家，墨家只服从超越的天志，无视人间规范，同样是法外之民，同样挑战法律的权威。这是韩非特别注意且极欲去之而后快的两种人，因为这两种人你没有办法用赏罚去控制他们。老子说过："民不畏死，奈何以死惧之。"意思就是说，这些人民连死都不怕了，你还跟他说我用死来惩罚你，那是没有意义的！所以，法家一定要让人民生活在一定的水平之上，这是对政权及国家秩序的一种保障，因此，法家也肯定要致力于让人民能够安居乐业。

现在我们来看看韩非与韩国的关系。韩非生在韩国，韩国在战国七雄里最弱小，又与秦国相邻。所以其他五国要跟秦国作战，或者秦国要攻打他国，总要经过韩国。因此韩国的处境最为艰困，随时可能被灭掉。韩非有一篇文章叫作《存韩》，那就是韩非上书给秦始皇，游说秦国不要消灭韩国，韩国的存在是对秦国有利的，消灭掉韩国反而不利于秦国，这叫作存韩。根据韩非的存韩论，不难看出韩非的根本关怀其实非常简单，就是两个字"生存"！你跟我谈什么道德理想，我都不反对，但是前提是先要能生存下来，如果连生存都实现不了，那么后面就什么都不必谈了，这就是《存韩》告诉我们的"活着是硬道理"的意思。


## 二、法家、儒家与马斯洛

这里，我们可以联想到一位很有名的心理学家马斯洛，他有个最著名的需求层级理论，强调我们要先让生理需求达到满足，然后安全需求、社交需求、尊重需求，依序满足，最后达到自我实现。只有当基本的需求被满足之后，人才有可能追求更高一层的需求，这个想法其实跟韩非的想法颇为相似。当一个人的生存受到威胁的时候，我们要求他进行道德的修养是没有意义的。法家最重要的责任跟义务，就是要让人民免于生存的恐惧跟痛苦而得到最基本的安全保障。所以一定要先能生存，进而要能够国富兵强，才能让我们很安全地生存，进而有效地安顿百姓。

马斯洛理论最后是自我实现的满足，一层一层往上，在韩非看来，我就满足国家的生存，满足人民的安全，能做到这两步，法家的责任就算尽到了。至于你有没有社会的关爱，你能不能够达到自我的实现，韩非认为那是你个人的问题，这不是法家要解决的问题，那是儒家要去解决的、道家要去解决的问题。法家只满足生存与安全这两层就好了，至于这两层之上要怎么做，法家没有意见。所以法家其实并不是无条件地反对儒家，而只是指出儒家的不识时务，缓不济急。在这个战乱的时代，谈修养、谈道德能有效维护国家安全吗？

我们再看看儒家，儒家跟马斯洛之间好像相似处更多一点，因为法家只停留在生存、安全这两个层次，达到生存、安全，在法家看来一个人就已经达到六十分了，剩下的往一百分努力是你们儒家的事情。儒家除了帮老百姓"足食足兵""庶之富之"之外，最后还要信之、教之，生命要下学而上达，一层一层上去，以成圣成贤为目标。法家只在第二层就结束了，因为政治家只管到这一层，我管不到你个人的生命道德。儒家要问马斯洛一个很简单的问题：当我们人满足了这两层，满足了所谓的生理需求，满足了安全之后，难道我们真的就会继续往上追求吗？儒家认为有可能，但也不尽然。因为很可能我们就会沉溺在初阶层次那里，沉溺在那种最现实的生命需求中。你以为我们生活好了，我们自然就会去念四书五经吗？我们自然就会去下学上达吗？不一定！我们可能就只是贪图物质享受，而且可以无限地享受下去。就这点上看，马斯洛过于乐观了，乐观是说他认为下层需求满足之后，人会自然往上层需求去发展。但事实上，人会不会往上层去发展、去要求，还是必须要通过自己生命的自觉，也就是人还是要有修养功夫，没有修养功夫还是不行。

所以马斯洛跟儒家思想之间，最大的差异就是，马斯洛告诉我们人是可以上达的，可是你要告诉我们人为什么会上达，如何上达？孟子提醒我们，人既可以上达也可能堕落，必须要有自觉修养，才能真正去追求自我实现。所以说儒家要求一百分，最后成圣人才是自我实现。韩非认为儒家要自我实现，要当圣人，我没有意见，但是我先把生存与安全两层做好，如果这两层不做好，只是去讲上层并没有意义。

孟子一直强调无恒产者无恒心，无恒产而有恒心者，惟士为能。知识分子能够做到无恒产而有恒心，但不宜以此要求百姓。告子说："生之谓性"；"食色，性也。"其实，这就是马斯洛所说的生理跟安全层面的需求！孟子认为告子光讲这个是不够的，人不只是食、色的动物，但并不是说食、色是不重要的。从这个角度来看，孟子也没有反对法家追求国家安全，只是认为我们不能够只停在这里，而应该有更进一步的理想追求。而韩非则认为，作为一个政治家，能够把国家治理好，提供给人民最基本的需求、安全，我的责任就已经尽到了。但是在儒家看来还应该要更进一步，由民"免而无耻"的现实再进一步，达到"有耻且格"的理想境界。这就是儒家跟法家的差异所在！所以我一直不觉得儒家要去排斥法家，而只是说法家做得充不充分、够不够，这是儒家要问法家的问题。但是法家则认为，我并没有认为你们儒家不可以那样做，也不认为你们不应该那样做，我只是说，我们这个时代最迫切的需求就是要生存，如果连生存都做不到，你跟我讲修养是没有意义的空中楼阁。

法家、儒家、马斯洛既有一些共同点，也有不同之处。法家在前面两层满足后就把门关了，儒家是要往上走去达到自我实现。儒家关心的问题是，难道我们生理安全满足了，我们就会自动下学上达吗？才不一定，堕落的人多了！这里就显示出功夫跟修养的重要。如果这样来看，告子说食色性也，也有他一定的意义，孔子说"足食足兵，民信之矣"，孟子说"仁政必自经界始"，韩非说"国富兵强"与"图存"，都有其合理性与必要性。


### 三、法家的包容性

最后，我们要来问问优先性的问题。儒家、道家、法家都有活下去的理由。在法家来看，最基本的生存、安全被满足后，再说其他的。韩非强调先生存，所以他强调先成霸王之道，你不成霸，就被消灭了，还讲什么王道，那是骗人的，这就是韩非最优先的关怀。孟子说，王道比霸道更适合人的生存与理想，这一点韩非并不反对。韩非只是强调，如果没有霸的基础，就想去实行王道是不可能的，人家根本不尊重你，你是没有机会的。《论语·雍也》："子曰：齐一变，至于鲁，鲁一变，至于道。"孔子希望诸侯能从一个经济的大国进化为文化的大国，也就是一种合于道、公天下的大国，在这个过程里，还是要有良好的经济条件作为基础的。

其实我们都深受儒家熏陶，我们都喜欢用一百分来邀请大家参与理想的实现，但是韩非思想中最重要而且最精彩的地方，就是他只要求六十分。六十分达到之后，也就是法家把舞台搭好之后，把国家安全、秩序安顿好之后，儒家要继续追求一百分，韩非是完全没有意见的，甚至可以是予以肯定的，可见法家也有一定的包容性。

# 第十二讲　韩非的历史观

我们上一讲说明了韩非的六十分哲学，也跟马斯洛、儒家的理论做了一个对比，通过对比更能够凸显韩非思想的特色。这一讲我们来看看，六十分哲学的理论基础。

## 一、常元与变元

我们先看韩非的历史观。首先，从来没有一个伟大的生命，是因为重复别人的伟大而伟大的。所以我一直觉得人文学者应该要有一点儿志气，我们不要做孔子第二，也不要做孟子第二，也不要做韩非第二。因为你做不来，你就是你，你不是孔子，你不是孟子，你也不是老庄，你也不是韩非。所以我们不要做他们第二，你做也做不来，既不可能也没有必要，我们要做自己，这是很重要的。我们一定要认真响应我们的时代，人文学绝对不应该只是考古学。我没有否定考古学的价值，但是人文学并不是把孔孟老庄讲清楚而已，而是在了解孔孟老庄、了解法家、了解墨家之后，再把这些智慧拿来面对我们的时代，解决我们今天的问题，这才是人文科学真正的价值所在。

在这个观念的基础上，我们就可以了解韩非的真正想法了，韩非的历史哲学有两个理论基础：第一个叫作世异则事异；第二个就是事异则备变。这是常元，即基本原则。至于变元，也就是现实之应用则有三项：上古竞于道德，中世逐于智谋，当今争于气力。世界改变，世界的内容跟着改变，这是世异则事异；既然世界改变了，所以我们面对这个时代的方式也要跟着改变，这是事异则备变。为什么我们现在上课，一定要用传统的方式上课呢？每个学生的手机就是一个小图书馆，他随时可以找到最新的东西。现在学生的学习方式，跟我们的学习方式不一样，跟我们父亲那一代的学习方式又不一样，这个时候难道我们的教室、我们的选课、我们的课程内容不应该改变吗？这就是韩非历史观要提出来的重点——世异则事异，事异则备变。我们应该要改变，韩非的这种说法并没有违背儒家的思想。孟子盛赞孔子是"圣之时者"，说的正是要响应时代变化而改变啊！

儒家思想有两个重要的概念：一个叫作经，一个叫作权。"我不应该说谎"，这个叫作经，在一般的状况下我都不应该说谎。可是当一个贼跑到你家勒索你，这个时候你可不可以说谎以自保呢？照儒家来看，不该说谎这个叫作经，一般的状况下我们不应该说谎，但是在被勒索、被威胁、被胁迫的情况下，这是一个特殊的状况，这个时候可以说谎，这个叫作权变。孟子说男女授受不亲，你嫂嫂溺水的时候，你要不要用手救她呢？当然要救！因为男女授受不亲叫作经，但情况特殊我们就可以用手把她拉起来。这个就是经与权，法家跟儒家在这一点上并无二致。

但是，"世异则事异，事异则备变"这个原则并没有告诉我要怎么做，也并没有告诉我现在能做什么、该做什么，所以要加第二个前提，加上变元。韩非把它分成三段来说明，首先是"上古竞于道德"，这就是儒家说的尧、舜时代，它叫作上古时代。儒家思想的有效性在上古时代是成立的，韩非没有否定儒家思想的价值。中世逐于智谋，就是谈那些纵横家，纵横家在诸侯之间要有很好的口才、很好的话术、很好的魅力去说服君王，所以"中世逐于智谋"，那是春秋时代。现在到了战国，战国靠实力，所以"当今争于气力"，请问我们在哪儿？当今！我们还能像儒家一样去讲德治吗？我们还能用纵横家的外交手段求生存吗？弱国无外交，韩非对此体会得最为深刻。所以，上古竞于道德，中世逐于智谋，当今争于气力，世异则事异，事异则备变，答案就已经很清楚了。


## 二、韩非思想的适应性与弹性


韩非并不认为儒家一无是处，他只是告诉你，你的时间空间点不对的。因为你的场子是在上古时代，在上古时代有效，但是你拿上古时代的做法，来面对我这个时代是完全没有效的，韩非在这一点上是绝对不接受儒家的。《五蠹篇》："以是言之，夫仁义辩智，非所以持国也。"儒家说先王之仁义，在面对争于气力的时代是无效的，而法制跟法度绝对能国富兵强，你要哪一个你自己看吧，这就是韩非历史哲学。韩非通过历史哲学，戳破了儒家美好的神话跟传统，所以还是有一点儿硬心肠，把我们一些美好的想象都戳破了。他举一个最简单的例子：尧舜禅让，儒家引为美谈，孟子每天说尧舜禅让，但其实真的是如此美好吗？

> 尧之王天下也，茅茨不翦，采椽不斫，粝粢之食，藜藿之羹，冬日麑裘，夏日葛衣，虽监门之服养，不亏于此矣。禹之王天下也，身执耒臿以为民先，股无胈，胫不生毛，虽臣虏之劳不苦于此矣。以是言之，夫古之让天子者，是去监门之养而离臣虏之劳也，古传天下而不足多也。今之县令，一日身死，子孙累世絜驾，故人重之；是以人之于让也，轻辞古之天子，难去今之县令者，薄厚之实异也。
>
> ——《韩非子·五蠹》

古之轻辞天子，今者难让县令，难道是因为以前人的德行比较高吗？我们现在的人就比较现实、比较丑陋吗？当然不是！韩非说大禹三过其门而不入，是很辛苦的，所以才让天子之位。以前当天子是一件苦差事，把天子之位禅让给别人，等于把一个苦差事丢给别人。所以古人之所以轻易禅让，是因为他有特殊的条件跟环境，我们现在不可能是这个样子，你也不要认为古代人就一定比我们德行好。韩非认为，你儒家讲的禅让，就是讲一个美化过的故事，儒家所说的美好根本不是真的！换言之，因为资源丰富，所以我们不需要去抢，大家的相互辞让可以说是轻而易举。因为儒家的思想基础是建立在一个特殊的环境，人少物质丰富，我们不需要去抢，所以礼让一番也可以。但是我们现在处于一个高度竞争的时代，就像我们现在全球化也是争得一塌糊涂，我们还坚持要用鞠躬作揖的礼教，你觉得能够治国吗？能有竞争力吗？不可能！因为完全不合时宜。

韩非认为，儒家到后来反而不如法家，我们法家"世异则事异"的思想，反而贯彻了孔夫子守经用权的教诲。无论是孟子的法先王，还是荀子的法后王，都不是圣人之治，变与不变不是重点。圣人讲"毋意、毋必、毋固、毋我"，只要能够把国家治理好，我就接受，至于变跟不变不是重点。战国时代诸侯势力兴起，周天子已经完全不可能掌握天下，在这种情况之下，我们就应该要有新的政治制度和经济体制来面对这个时代。儒家还一直难忘情于过去，在韩非来看是不识时务。世异则事异，事异则备变，这是一个常数；上古竞于道德，中世逐于智谋，当今争于气力，这是变数。所以我如果要国富兵强，就要能够争于气力，以气力跟其他的国家相争，这就是韩非的基本立场。假如韩非生在21世纪，看到了机器人、AI、大数据，他的想法也一定会跟着改变。从这个角度来看，我是觉得在面对21世纪的时候，韩非思想的适应性和弹性，其实是非常高的。

相对来看，如果我们是儒家，也许就要留意传统文化跟当今世界之间的合理关系。韩非的法家跟儒家在很多立场、观点上，其实并不是排斥关系，也不是矛盾关系，只是因为后来的人过于强调儒家、法家之差异，而忽视了他们之间互通的部分。韩非作为荀子的弟子，思想中还是有一点儿儒家的味道，虽然他是法家的一个重要的代表人物。

# 第十三讲　法家驱虫术

## 一、韩非的历史观

我们上一讲讨论到韩非的历史观，其实，历史如果没有历史观，就只剩下一堆史料，既不是史学，也不是历史。史料一定要在某种价值观的观照和衡量之下，才会呈现出关系、次序、影响与价值，这是历史观最重要的价值所在。但是史观肯定存在一定的主观性，而这种主观性也可能形成一种封闭性。例如，当我们看人不太顺眼的时候，如果从相对的意义来说，也许是有一点儿固执了。有了这个固执之后，我们往往就会拿固有的想法来评价其他事物，也就是会采取某一种特别的标准。以这个标准去看事物的时候，一方面是对事物的一种开放，一方面也是对事物的某种扭曲。

《金刚经》中说："应无所住，而生其心。"我们都习惯用原来固有的一些想法、观念来看这个世界，这理所当然。因为我们必然会用我们所知道的来理解这个世界，这是没有问题的，不过我们不能"住"，不能执着僵化。所以为什么说看人不顺眼是衰老的象征？其实就是因为"住"的缘故。"住"的意思是说，我们会把一个暂时的、特殊的观点，当成一个永恒跟普遍的观点，这个时候就会以偏概全，甚至造成错误。所以再次提醒大家，当我们看待事物的时候，一定要有一点儿谦退之心，要用一种开放的心胸来面对，这样的话，我们会更活泼，也更能够享受世界的丰富和美好。

韩非对于历史的看法也正是如此：上古竞于道德，中世逐于智谋，当今争于气力。没有谁对谁错，而是要看在什么样的历史环境下，我们应该做什么样的回应。陈启天先生在他的《韩非子校释》中就有一个讲法，他认为上古竞于道德，中世逐于智谋，当今争于气力，这是一种进化的历史观，而儒家一定要尧、舜、禹、汤、文、武、周公，一定要古代的才美好，这是一种保守的历史观。儒家希望维持一个文化上的传统。法家在这个地方主张"世异则事异，事异则备变"的相对立场，所以韩非的思想更能够适应那个时代，这是一种进化的历史观。不过我认为，严格说来，韩非的思想并不是一种进化的历史观，说它是一种演化的历史观会比较准确。因为进化是指价值上的进步，也就是越来越好，就像我们用的手机一样，一代比一代新，一代比一代进步，这个称之为进化。严复把达尔文的书翻译成《天演论》，它只是 evolution，只是一种演化，它只在不断地变化，但这种演化并不意味着它更进步。是否进步表示你有一个标准认定它是否进步，但从韩非的角度来看，上古竞于道德，中世逐于智谋，当今争于气力，很难说它是一种进化，人类怎么会从道德进化成打架呢？所以韩非的历史观应该是一种演化论，历史是在不断演化的，我们就应该顺着历史演化的节奏跟步骤有效地响应时代。我想这个应该是陈启天先生真正想要强调的，这是第一点。

第二点，儒家是不是保守主义或保守派呢？其实，保守就只是保守，无所谓好坏，好的不保守则是错的，坏的保守这也是错的。儒家并不是一个保守主义者，我上一讲就提醒过各位，所有伟大的思想家，都是因为认真地响应了他们的时代而伟大，没有一个伟大的思想家是因为重复别人的伟大而伟大的！儒家的孔子与孟子其实是非常前卫的，比如说有教无类，在教育方面，孔子对所有人是平等对待的。子曰："自行束脩以上，吾未尝无诲焉。"（《论语·述而》）子曰："有教无类。"（《论语·卫灵公》）在当时的社会环境下，这是非常难得的理念。所以从这一点来看，孔子其实也是某一种意义上的异类。

我们再来看看孟子，孟子跟告子辩论人性的问题。告子是从人性的现实面、经验面来说人性。《孟子·告子上》："告子曰：'食色，性也。……生之谓性。'"孟子则主张性善论，但是各位要知道，其实告子的说法生之谓性才是老传统。性者，生也。性跟生是可以互相取代的，告子是传统的讲法。孟子的说法则是新的讲法，他是从我们的良知四端来谈我们的人心。

如果你说儒家是保守主义，那只能说儒家对于理想的坚持是不变的，但是孟子跟荀子其实都充分响应了他们的时代，而且都有新的想法，很难说他们是保守主义者。

## 二、蛀虫与维生素

现在我们进入《五蠹篇》。《五蠹篇》就是韩非帮国家做的健康检查，结果发现国家有五种蠹虫。这五种蠹虫除掉之后，国家兴盛就指日可待，我们自然就不会生病。

第一个蠹虫是学者。学者无用，这个学者主要指的是儒家。韩非首先要打倒的就是儒家，因为儒家思想不能治国，这是第一个原因。第二个原因纯粹是一种策略，就是因为儒家影响力太大，所以先把儒家清除掉，然后法家就可以一家独大。所以韩非对儒家的批评，其实有两个角度：一个就是儒家的内容，认为儒家治国没有效率；第二个就是纯粹的策略，就是韩非必须要反对儒家，把儒家打倒之后，韩非才能建立法家唯一的权威，这是出于策略层面的考虑。第二个蠹虫是言谈者，就是外交家，当时的纵横家。还记得吗？上古竞于道德，讲道德的是谁？当然是儒家。中世逐于智谋，逐智谋的人就是那些外交官，穿梭于诸侯之间的纵横家。韩非强调国家的强盛与否不在外交，而在于内政是否有真正的基础与实力，所以纵横家也难以强国。第三个蠹虫就是带剑者、游侠。游侠热衷于打抱不平，就是所谓的私剑，就是只满足个人的正义感，而不顾国家法令的人，这种人要予以清除。第四个蠹虫就是患御者。就是那些依附在贵族底下，受到贵族的保护，享受某种特权的人。这种人没有真正的生产力，对国家无利，所以这种人也不能要。最后一个蠹虫就是商工之民。不过对商工之民韩非的认识并不透彻。因为韩非看到的利益其实还是比较简单的，就是只重视农业生产，他还没有意识到商工对国家的帮助。如果从现在来看，商工业的产能可能就大于农业了，这是韩非受时代局限而无法考虑到的。也就是可以利用商工之民，而不一定要除去他们，除非真的一无是处。

再回过头来看，例如儒家看似无用，但君王也需要一些文胆，需要御用文人帮你讲话。尤其面对现在的这个网络时代，我们需要小编，需要非常多的人帮你出主意，需要智库，不是吗？所以这些人可不可以用？当然可以用，就看你会不会用了。那纵横家需不需要？当然需要！你需不需要营销公司帮你营销？你需不需要公关公司帮你打通关系？当然需要啊！至于游侠、带剑者，更是当然需要，读读《史记·刺客列传》，荆轲刺秦王不就很清楚吗？死士可不可以用？当然可以用。然后那些患御之民，就是你旁边的小弟，能够帮你打点很多东西，可不可以用？当然可以用！那商人、工人当然也可以用，他们可以帮你赚钱。所以我们由此就可以看出，韩非讲国家的五种蠹虫所以成为蠹虫的原因，是由于他们既没有生产力，你也没有办法去管理他们，所以这五种人就变成蠹虫。但是如果你有了法，有了术，这个时候就不叫蠹虫，而叫作五种维生素了。所以同样是五类人，到底是蠹虫还是维生素，就要由阁下的智慧来决定了。

# 第十四讲　韩非为什么要讨论人性

关于人性的话题，是个老问题、大问题，也是一个很麻烦、很精彩的问题。韩非为什么要讨论人性呢？

## 一、讨论人性并不是关心人性

其实韩非真正关心的根本不是人性，这不是韩非的目的。他的目的是要掌握人性中的普遍性和必然性。普遍性就是所有人都是这样，必然性就是每个人都非这样不可，掌握了人性普遍性和必然性，就可以有效地利用、控制所有人，也就能普遍和必然地完成治国的目标。

君王一定要有势力作为基础，势是作为一个君王的必要条件。你说你很有势力，用什么做标准呢？就是你的势力，能够真正地延伸到所有的对象上，这才是有效的管理。可是你一个人怎么能够管理这么多呢？所以韩非一定要用法，法就是一个规则，就是一种结构。结构、规则是普遍的，所以通过法，就能普遍地管理一切。但是，为什么大家会遵守法呢？是因为君王有力量，你遵守了我就给你好处，你不遵守我就罚你。赏罚为什么有效呢？韩非的答案非常简单：因为人性使然。韩非之所以要了解人性，并不是他对于人性本身有什么兴趣，而是为了用来建立我们的法律。

那么，韩非如何理解人性呢？韩非对于人性的了解，是从人的现实层面下手的。"人性应该是什么"韩非是不关心的，那是孟子所关心的，孟子说人禽之辩，"人之异于禽兽者几希"，关心的是人性的理想层面与价值层面，而不是人性的现实层面与经验层面。韩非要了解人性的现实层面与经验层面，因为政治是要管现实的人而不是理想的人，所以法家不需要管圣人，而是要管普通人，就是所谓的凡夫俗子。根据现实的人性来立法，才能让法合乎我们现实的人性，才能真正有效地管理所有人，这是韩非讨论人性的根本原因。

对人性的讨论，韩非最大的对手是儒家，儒家就是韩非的假想敌，所以韩非先从批判儒家下手，然后建立自己的学说。在儒家思想里面，孝顺是非常核心的概念。《论语·学而》："孝弟也者，其为仁之本与。"《后汉书·韦彪传》："夫国以简贤为务，贤以孝行为首。孔子曰：'事亲孝，故忠可移于君。'是以求忠臣必于孝子之门。"百善孝为先，求忠臣必求于孝子之门，孝悌也者，其为仁之本与，这些观念我们都耳熟能详，朗朗上口。韩非的头脑很清楚，他攻击儒家孝道理论的核心：父子关系。"孝弟也者，其为仁之本与"，就表示五伦之中，君臣、父子、夫妇、兄弟、朋友，最核心的当然是父子。父子是血缘亲情，君臣的关系还会改变，但是父子关系是不可能改变的，所以儒家最重视的，其实就是我们的亲情。《孟子·尽心上》："孟子曰：'人之所不学而能者，其良能也；所不虑而知者，其良知也。孩提之童，无不知爱其亲者，及其长也，无不知敬其兄也。亲亲，仁也；敬长，义也。无他，达之天下也。'"无不知爱其亲，无不知敬其长，这不就是我们的良知、良能吗？孟子是从这个地方来证明性善论。

现在韩非居然告诉你，亲情是不可靠的，这很可怕。儒家认为亲情是最基本的、最不可动摇的，可是韩非却认为这是不可靠的，如果是这样的话，那儒家整个以亲情为基础所建立的一套学说，都将完全失效。所以韩非很厉害，一下子就抓到了重点，做了重点的突破。


## 二、产男则相贺，产女则杀之

那现在我们看看韩非所认为的人性究竟如何？"且父母之于子也，产男则相贺，产女则杀之。"这个"杀"我们也可以念成"晒"，它可以有两种解释：一个就是杀；一个就是指贬抑。产男则相贺，生男孩的大家就乐了，中国传统社会一般比较重男轻女，因为要传宗接代，这是社会文化层面的理由。生男孩很高兴，男孩是弄璋，女孩就弄瓦，以现在的观点来看，这实在是很不公平，但那已经是一个过去式，不要太难过。"产女则杀之"可以有两个意思：第一个就是真的杀了，第二个解释杀念成晒，是贬抑的意思。第二个杀用荀子的话来说，就叫作隆礼义而杀诗书，杀诗书就是贬抑诗书。荀子认为治国理念，真正重要的根据是礼义而不是诗书，诗书只是让我们陶冶性情而已，礼义才能够建构一个客观的体制。礼义之治到了韩非就转化成为法治，就是将礼治更进一步客观化。

所以，产男则相贺，产女则杀之，韩非认为这是一个事实，为什么是这样？难道我们生女孩，一天可以生五个，生男孩要二百八十天、三百六十天、七百五十天才能生一个吗？是"物"以稀为贵吗？不是！男孩女孩都一样十月怀胎。既然生男、生女没有生理上的差别，为什么你会重视男孩而不重视女孩呢？如果照儒家的观点来看的话，我们之所以重男轻女是因为种族继承的问题，所谓"不孝有三，无后为大"，只有男性才能继承香火，使家族生生不息。韩非的想法就是说，为什么父母喜欢男孩不喜欢女孩呢？不是因为我们对男孩、女孩有什么偏见，也不是"不孝有三，无后为大"的种族继承，而是要看生男孩跟生女孩何者对自己比较有利。

依照韩非来看，假如说十八岁结婚生子，二十岁就当父亲，然后等你四十岁，小孩二十岁，他又生了孙子，孙子二十岁又在生重孙，如此繁衍下去是十分可观的，那就是爱因斯坦说的，复利比原子弹还可怕。所以你生了一个男孩就可以不断地繁殖，不断地增加生产力，这就是韩非的想法。为什么我们会产男则相贺呢？是因为我们生一个男孩，等于增加了我们家族的生产力，不但他生产，他还会帮你娶一个女孩进来，再生很多小孩子出来，增加更多的生产力。原来，父母跟子女之间的关系最终是由生产力来决定的，也就是以现实的利害关系来决定的。儒家从来不会这样想，但是韩非告诉你，这就是现实，所以韩非是一个硬心肠的哲学家，他善于把我们认为不是这么美好的现实——把它给说明白，不允许我们回避。

如果连父母跟子女的关系，都难免有一种利益的计较的话，试想，君主跟臣子的关系，能够比得上父母跟子女的关系吗？君王亲不过父母，不可能像父母那样爱你，你也不可能像爱父母一样爱君王，你爱父母跟爱君王不可能是同等的。你爱父母一定胜过于爱君王，即使你这么爱父母，你还是会用利害去计较，那请问：君跟臣之间没有那种亲情的基础，不就更是一种利益计较的关系了吗？

韩非从"产男则相贺，产女则杀之"这个前提，指出儒家的讲法是不周延的。其实我们也可以反过来想，难道没有孝子吗？难道没有父母对于子女的无条件付出吗？当然有！所以你说"产男则相贺，产女则杀之"，当然有例外。所以韩非这个讲法，其实是找了一个比较特殊的、极端的例子来证成。他的讲法是把标准拉到最低，就是概念内涵最少。在传统逻辑学里面，概念的内涵越多，则其外延越小；内涵越小，则其外延越大。因此，标准越低，条件就越少，而你所管辖的对象就越多，韩非的重点是放在这里的。如果你们儒家亲亲、仁民、爱物，你们父子之间关系都很好，那当然是美事。

但是，如果你们直接以父子之间的良好关系，作为理论的基础的话，那父子关系不好的人，你就完全没有办法去管理。韩非现在把标准往下拉，就可以把儒家掌握不到的东西也纳入管理，因为我的外延性比你大，这就是法家厉害的地方。标准拉得越低，你所管辖的东西就越多。君子需要你管吗？君子都自重不是吗？所以，韩非认为儒家讲了半天都不是在讲政治，而是在讲道德，真正讲政治的只有法家。

### 三、正确看待，兼顾两面

"产男则相贺，产女则杀之"，各位听到这一句话，不要回去也对你爸妈也来这一套。你不能引用韩非的说法，然后跟你父母说："依照韩非的说法，你们当初养我，还不是为了将来我可以养你们，都是利害考虑！"你这样讲就太没良心了，太差劲了！当然，我们也不能不承认，有些人真的是计较利益的，但是对父母完全没有敬意肯定是不对的！所以从这个角度来看，我相信韩非自己他不会是这种人的，韩非应该是君子，否则他干吗写《五蠹》，写《孤愤》，去赚钱就好了，我这么孤愤做什么呢？我在这边气什么呢？你国家有五蠹才好，有五蠹才能浑水摸鱼，有什么好紧张、好担心的？所以我相信韩非自己，应该不是这种现实的人。但是韩非要揭发我们人间这种现实层面，因为只有我们真正认清人性的现实层面，才能真正将所有人都纳入管理。

我一直觉得韩非跟儒家的关系，不是冲突的关系，儒家管到了人性的上半截，法家管理人性的下半截，两者之间对话互补，才是正途。儒家、法家都是伟大的思想家，为什么一定就是儒家打法家，法家要打儒家，儒家要打道家，道家要打墨家，何必这样子呢？为什么我们不能够互补，不能互相欣赏呢？不能彼此整合呢？我觉得这个主张是可以成立的。

　　韩非从人性论这个角度认定，所有人都是利益的计较，所以法律就不能只以那些君子为基础来建立，而是要以所有人为基础来建立。如果你不是一个自利利他的君子，而是一个斤斤计较的小人，法律还是管得着你，这就是韩非的基本立场。你儒家的德治、礼制管到君子，可碰到小人就很麻烦。而法家的法治是专治小人的，法不是为君子设立的。如果法家是治小人的，设计法律就是为了管理小人的，那么儒家做什么？儒家就是要把小人变大人，儒家的价值在这个地方，所以不能说儒家是错的。只是，韩非问了一个很简单的问题：在小人还没有变成大人之前，我们该怎么办？关键就在这里。在儒家还没有把所有的小人教化成大人，还没有克己复礼成为大人之前，先交给我法家处理。我法家先帮你把秩序维持好，把国家安定下来，然后你再慢慢地去教化。在全部都是一堆小人的时候，儒家要用教化治国是来不及，也是不可能的。所以韩非指出"产男则相贺，产女则杀之"的社会现实，目的是要把人性最底层的逻辑揭露出来，这样才能对人做比较完整的了解与掌握。

　　马斯洛的需求理论第一层，就是"食色，性也"的生理需求，就是生存的需求，这是最基本、最底层的人性需求。韩非正是从人性最底层的需求出发，来建构法家的政治哲学的，而儒家则是要我们不断地超越，下学而上达，从人性的底层需求上达到高层的自我实现。易言之，法家会用法治来管制你，儒家会用教化来熏陶你，其实各有其意义。韩非的人性论是有一定依据的，但你不能把这种立场当成人性的全部，否则我们对人性的看法就会有一些偏差了。因为人性既有趋利避害的现实特质，也有舍己为人的超越性，必得兼顾两面才是人性的实情。我想这样来了解韩非的人性论，应该就能够对得起韩非，也能够真正地去面对我们的生活。

# 第十五讲　因情而治，顺水推舟

这一讲我们来讨论韩非一个很重要的想法：因情而治。

## 一、凡治天下，必因人情

　　因就是因循着、跟随着，因循着我们的情来治理，这就是"因情而治"，情字可以解为实，因情就是说因循着我们原有的面貌特质，才能顺利治理国家。韩非说，"产男则相贺，产女则杀之"，其实他的意思是让我们认清实况，也就是因情。因为我们要管理实况，我们不是管理一个理想国，也不是管理一个虚无缥缈的世界，而是要管理这个现实的世界，就是要循着这个世界的情来处理。所以因情而治其实很简单，依照《中庸》的讲法就是诚。"诚者，天之道也；诚之者，人之道。"诚也是真实，不过儒家是从道德的角度去说真实，是理想的真实，所谓不诚无物。

因情而治是一个很高明的智慧，韩非这个讲法的来源，比较清楚地是来自于老庄。《史记》里面写韩非的时候就说，他是喜欢刑名法术之学，其本归于黄老。所以，你看到韩非背后，还是有一个根源性的思想背景，其实就是老子。老子说道法自然，我们不要逆风而行，要顺流而下，如此既省力又能有效治国，这是道家的智慧之处：上善若水。

> 上善若水，水善利万物而不争，处众人之所恶，故几于道。
>
> ——《老子·第八章》

老子喜欢观水，水都是顺势而流，畅通无阻。面对时代、管理国家也是如此。所以，因情而治就是依循着这个节奏，来管理国家、面对世界。

现在我们用一个故事，来说明什么叫作因情而治。

> 劳神明为一而不知其同也，谓之朝三。何谓朝三？狙公赋芧，曰：朝三而暮四。众狙皆怒。曰：然则朝四而暮三。众狙皆悦。名实未亏而喜怒为用，亦因是也。
>
> ——《庄子·齐物论》

故事很有趣，朝三暮四，朝四暮三，都是七，但是会有不同的情绪反应，那是因为猴子的情。猴子对三、四的次序有固定的看法，只要顺其情，自然皆大欢喜，国家也就能大治。但是这个讲法还只是形式性的说法，因情而治的内容，还是要从客观的人性论入手加以证成。韩非认为，人性就是"产男则相贺，产女则杀之"的利害计较，所有人都会有利益的计较，都喜欢利益，不喜欢害处，所以人就是趋利避害的动物。既然如此，我们就顺着人的趋利避害去建构管理模式，这个叫作因情而治。儒家用君子来看待人，所以只管得到君子，管不到所有人，因为儒家没有因情而治。

从客观的角度来看，因情而治其实就是以法律治人，所以法律不是随便定的，法律是根据我们的人性去定的。因为人性有这样的特点，顺着人性的特质去治理，人就很容易接受，管理的目标可以顺利达成。为什么我们的法律能普遍有效呢？是因为我们所有人都是趋利避害的，法律因情而治。趋利避害只是趋利避害，趋利避害没有恶或不恶的问题，如果在趋利避害的过程里面，把别人的好处捞到自己手里来，把倒霉的事情丢给别人，这叫作恶，但我去寻找对我有利的东西并不是作恶。这样看的话，韩非的人性论就不会是性恶论，也不是性善论，他是中性论。既然是以趋利避害来了解人性，那我们就要依循着人性的这种特质，来设计我们的管理方法与策略，这叫作因情而治。

《韩非子·八经》："凡治天下，必因人情。人情者有好恶，故赏罚可用；赏罚可用，则禁令可立，而治道具矣。"韩非说凡治天下，必因人情，一定要了解人情的好恶，赏罚才会有效，这就是为什么韩非极力排斥儒家的原因。因为儒家强调"君子喻于义，小人喻于利"，君子是没有办法用法律的赏罚来加以控制的，所以儒家所认可的这些人是没有办法管理的，是对国家有害的，因为这种人是在规则之外。墨家也是这样，强调天志明鬼的绝对性，他们也不会服从国家的法律。法家认为，儒家、墨家这两种人，都是没有办法通过赏罚来控制的，所以儒以文乱法，侠以武犯禁，是韩非非常清楚的想法。


## 二、因情而治与创造需求

至于说因情而治是不是最高的境界呢？不！它只是第二名。因情而治没有错，比如说，现在市场有什么样的需求，我就生产什么样的商品满足市场的需求，难道不是这样子吗？就是这样子！所以我们的生产，是为了满足我们的需求，这是我们市场的供需理论，我们读过经济学就会知道。不过，我要告诉各位，那是过去的经济学，现在的经济学已经不是这样子了。最简单的道理各位只要去百货公司走一趟、去大卖场看一圈你就会发现：很多商品是你看都没看过的，甚至连想都没有想过的。试想：人真的需要这么多东西吗？从我们传统的想法来看，消费决定生产，所以只要有人需要，就会有人来生产以满足你的消费，我告诉各位这还是第二名，第一名的经济不是这样子来想的。第一名是生产者创造你的需求，他会让你觉得需要，这个厉害。满足你的需求是因情而治，真正的第一名是我创造你的需求，而不只是因众人之情而去满足他们。因情而治还有被动的成分，而创造需求则完全是主动的设计。

韩非的因情而治，要先做人性需求的大数据分析，然后管理者就能够满足你们的需求，进而有效管理与控制。因情而治，不是逆流而上，而是顺流而下。更厉害的我们叫作"立情而治"，我创造你的需求，让你觉得你非要这样不可，你不这样你就不用活了。其实我们真的需要吗？不是，因为我们很多的需求是被创造出来的，我们需要的东西其实并不多。从这个角度来看，韩非的思想非常接近道家。道家就是讲道法自然，我就顺着你的自然之性加以管理，而不是逆着管你。孔子因材施教，也是因情而治，只是孔子用在教育上，韩非用在政治上。我发现从因情而治，最后可以进化为立情而治，我不只是分析你的需求，更要去创造你的需求，这不就更进一步吗？

韩非只是管他所拥有的人，而儒家则是把你创造成他想要的人，你看儒家是不是变成了立情而治呢？韩非一方面以因情而治把儒家辩倒，但是后来似乎又要变成另一种类似儒家的立情而治，这就是思想上的辩证。

因情而治不但是一种政治哲学的智慧，也是一种人生哲学的智慧。所以孝顺父母也要因情而治，妈妈喜欢吃软的甜食，你就不要给他吃酸的、苦的，就不要给她喝咖啡。孝顺不是也要因情而孝吗？这有什么不对呢？韩非是把因情而治用在政治上，当然我们也可以用在商业上、人生上，其实都是通的。韩非跟老子之间的关系十分密切，老子非常重视无为而治，其实就是因情而治。所以，韩非因情而治的政治智慧，还是非常有价值，而且很适合用于我们当下这个时代。

扫一扫
进入课程

# 第十六讲　治乱与重典

我们上一讲谈到对于人性要因情而治，现在我们看看韩非对于刑罚这个概念的看法。我们说治乱世要用重典，这两个关键词就出来了：一个叫"乱世"；一个称之为"重典"，就是严刑峻法，不过这两个概念我们仔细分析一下，其实挺麻烦的。第一，何谓乱世？乱世是相对于治世而言，但是什么是乱世、治世？很难有具体的确切的标准。我们说一个人很有钱，可是多少钱才叫有钱呢？其实也没有很明确的标准。第二，用重典，问题跟刚才的乱世是同样的道理，重跟轻到底要怎么去区别呢？其实这都会引发非常多的讨论。所以我们要先了解，重典跟乱世其实是一组相对概念。那么重典、重刑跟轻刑，应该也是一组相对的概念，虽然说对重典我们很难下一个定义，不过我们大概知道相对来说比较重，我们也就可以接受了。

## 一、以刑止刑，刑期无刑

韩非为什么主张重典、重刑？为什么有效？是因为只有如此才会产生真正的吓阻作用。

> 夫严刑者，民之所畏也；重罚者，民之所恶也。故圣人陈其所畏以禁其邪，设其所恶以防其奸，是以国安而暴乱不起。
>
> ——《韩非子·奸劫弑臣》

韩非认为严刑之所以有效，之所以是民之所畏，是因为人是趋利避害的动物，因此必然会畏法避罚，此是依人性而立法、行法。现在请问，儒家采取轻刑主义与韩非采取重刑主义，到底哪个比较有效？韩非认为儒家用仁爱治国，人民是不会畏惧的。轻刑之政，对君子有效，对小人无效。但是用重罚来做手段的时候，所有人都会畏惧，所有人都会遵守法令，这个时候我就可以治国。所以儒家是不足取的，必须采取所谓的重典、重刑使民畏惧。重刑主义难道就只是使民畏惧而已吗？其实也不是这样子的。重刑主义最后的目的，其实是希望不要有刑罚，这叫作以刑止刑。为什么我们现在刑罚会这么多，就是因为刑罚太轻。我们真正用重罚的目的是希望导致重罚的事情不要发生，就跟我们买保险都希望不要用到一样。

刑期无刑，重刑只是一个不得已的做法，就是通过重刑使人不要重蹈覆辙。在韩非看来，通过重刑让人民不触犯法律，这才是仁爱之心，法家的重刑论才是爱民之举。儒家口口声声说亲亲、仁民、爱物，韩非认为这种话是没有实际意义的，因为你们采取轻刑。因为刑罚轻，所以犯法跟不犯法没有多少差别，人们就会不断地犯错，这是引诱人去犯罪，是陷民于罪。我们法家严刑峻法，目的是让所有人不再去犯罪，正是爱民之政。所以到底是你儒家爱人民，还是法家爱人民？其实是法家！法家是用一种很强硬的手段、方法，从结果入手，来实施他的爱民之政。儒家是有爱的动机，可是光有爱的动机是没有用的，因为你用的方法完全背道而驰。用一种好像最强硬的做法，来表达对于人民的保护，但是一般人看不到这一层，会说法家薄情寡恩，其实，严厉也可以是一种慈悲的方式啊！我们都说佛教慈悲为怀，菩萨都是慈眉善目，不过除了菩萨还有四大天王，金刚打鬼非常凶的，所以有怒目金刚，其实佛教它以慈悲来度众，有时也要用霹雳手段来度众。从这个角度来看，法家就是采取所谓的霹雳手段，让你再也不敢轻易犯法，这就是法家跟儒家的不同。他不是反对儒家，只是告诉你儒家这样做的方法是无效的，而且是与民有害的，引诱人民不断地重蹈覆辙。

## 二、不贰过与严刑峻法

从这个角度我们可以了解，为什么法家会重视所谓的重刑主义，如果我们从儒家的角度来看的时候，儒家其实也有类似的想法，就是所谓的不贰过。颜回不迁怒，不贰过，不贰过有什么了不起？不贰过非常重要，我们常常贰过，而且不但是贰过还三过、四过、五过，甚至反复过。为什么是这样子？很简单，我们一旦有过失之后，第一个动作就是文过饰非，所谓"小人之过也必文"。所以做错之后都说，啊！你看都是你害的，都不会说是自己的不对，这就是文过，掩饰自己的过失。为什么人要掩饰自己的过失呢？这很有趣，是因为人都希望自己是完美的。当承认过失的时候，就相当于必须承认自己是不完美的，可是人又这么喜欢完美，所以他就用掩饰让自己看起来是很完美的，但是这其中付出的代价是非常高的。

在儒家来看，为什么不贰过很重要，因为如果你贰过的话，你就永远没有办法从那个过失里获取真正的成长，得到真正的教训，在佛教叫作烦恼即菩提。烦恼即菩提，不是说烦恼就是菩提，而是说我们通过了烦恼，面对我们的困扰，去思考、去反省，通过这个问题的刺激，我们就会得到一种智慧。如果这样来看的时候，我们就要有勇气来面对我们的过失，才能让生命得到真正的提升，所以儒家要求不贰过。颜回不迁怒，不贰过，这是好学，儒家的学问在这里。这样看来呢，法家难道不也是希望不贰过吗？换言之，你犯过之后，如果总是轻轻地一带而过，你会记住吗？不会，你会一直贰过，这在佛教里叫作轮回。真正能够停止轮回的，照法家来看就是严刑峻法，让你再也不会重复，你就会从这个错误里挣脱出来，这是法家很重要的精神。所以我们从法家的严刑论来看，就可以发现其实儒家的不贰过，跟法家韩非所谓的重刑论之间，有一种所谓的异曲同工之妙。不过法家是通过政治跟法律的要求，强制我们去做反省和检讨，但是儒家那个过失只有自己知道，所以功夫在慎独，你要不要反省、检讨是你自己的事情，为仁由己而由人乎哉！但是法家告诉你，你这样治国是不行的，你个人修身我没有意见，治国还是得听我法家的。

## 三、恰当的就是最好的

我们上一讲也提到五种蠹虫，无论赏罚对他们基本上都没有意义，刑法对他们也没有作用，所以法家认为这些人都必须严格管制，否则就会破坏社会和国家的秩序，这就是韩非为什么重视所谓的重刑。另外，韩非认为刑没有什么重跟轻的问题，也没有多跟少的问题，恰不恰当才是重点，所以韩非也不认为他自己真的就是所谓的重刑论。你说这个罚多少钱？没有什么重不重的问题，因为都已经先讲好了，只是依规定办理。我们一开始的时候跟各位讲治乱世要用所谓的重典，什么叫作乱世和什么叫作重典，标准不是很清楚，韩非还会进一步告诉你，乱世与治世、轻刑与重刑都是相对的概念，然而无论何时何地，恰当的刑罚都是治国的必要条件，所以韩非真正的重点在于说它是不是恰当，恰当就无所谓轻重。

夫刑当无多，不当无少，无以不当闻，而以太多说，
无术之患也。

——《韩非子·难二》

"当"这个概念其实就是墨辩的概念，墨辩说当者胜也。
又如：

所谓非同也，则异也。同则或谓之狗，其或谓之犬也；
异则或谓之牛，牛或谓之马也。俱无胜，是不辩也。辩也
者，或谓之是，或谓之非，当者胜也。

——《墨子·墨辩·经说下》

所以胜不胜，不是说一定是什么，而是恰不恰当。是不是在这
个时间、这个空间做出最适当的判断，当者胜也。孟子说孔子
是圣之时者，时者就是"当"也，所以"老者安之，朋友信之，
少者怀之"，各安其位就是当，恰如其分。所以，墨子谈"当"
这个概念，韩非也谈"当"这个概念，即刑只要能够求其当，
至于多跟少、轻跟重都是假问题。这就很厉害，韩非把轻刑跟
重刑论根本视为一个假问题。所以我们刚才先顺着轻刑论、重
刑论，说到论儒家、法家，然后有慈悲心、以刑止刑等内容做
了说明，让你觉得好像阵势很强大，问题很严重、很严肃。到
最后韩非告诉你，这些问题都要被排除掉，其实只是想问你，
当跟不当而已。没有所谓的重或者轻、多或者少，只有恰不恰

当，从这个角度来看韩非是极为聪明的。

现在最后一个问题出来了，那就是，当不当由谁来决定呢？首先当不当，并不是靠法来决定的，法的当不当是被你决定的，不可能有一个法来决定你当不当，所以最后当不当又变成一个主观的判断，而不是一种客观的判断。法是客观的，但是你认为的当不当跟我认为的当不当可能是相反的。易言之，法或规则是客观的，但是要用哪一种法却是主观的。我们常以为自己的法是客观的，但其实我们在选择法之前，依然是有主观的角度与选择的。儒家、法家都是一套客观的思想体系，但是你要选择哪一家，仍然是主观的。所以不是儒家、法家决定我们，而是我们选择儒家或法家。而选择的标准就是当不当，这也正是《庄子·齐物论》的精神所在。

在《易经》里面就有四个概念，"位、时、中、应"。什么空间、什么时间、是不是合于中道，跟环境有没有符应，就讨论这四个问题。这四个问题都恰当的话，就是大吉，四个都不恰当的话，就是所谓的凶，也就是一个"当"的概念。今天我们通过重刑跟轻刑论，来比较儒家与法家的异同，儒家要轻刑免得伤民，这是一个想法。到了法家就认为真正的伤民是轻刑，因为他会再犯，而我让他不要再犯，所以我才是真正的爱民，这是重刑主义的以刑止刑之说。轻刑和重刑都有它的道理。

最后我要说的是，其实也没有什么轻刑和重刑，因为轻不轻、重不重，最后要看它的恰不恰当，这才是重点。韩非从一开始的轻刑重刑，最后发展出恰不恰当的概念，可以看出韩非一方面有分析的能力，另一方面又有超越这种分析跟结构的能力，这是韩非真正的智慧所在。从这个角度来看，我们就不需要在轻刑跟重刑这个问题上打转转了，而应该有一些新的思路跟想法。这是韩非在讨论轻刑、重刑、当不当的问题，所带给我们的启发跟教诲，我们应该虚心地来领受。

# 第十七讲　韩非哲学的定位

本讲的主题，是到底要怎么来定位韩非的哲学思想，也就是要怎么来解释他会比较恰当。传统对韩非大概有三种意见，我就分别举三位学者的想法与大家分享，然后由各位读者自己来决定你对韩非思想体系的定位，我不会给答案，就由各位自己来想想看，你觉得韩非子如何？

## 一、君王术

第一，我们知道在韩非的思想里面，有三个基本的要素，即法家三派：重势派慎到、重术派申不害和重法派商鞅，最后的集大成者是韩非。现在问题就出来了，法、术、势，韩非把它们做了一个大的整合，但是到底这三者的关系如何？其间的次序如何？这是问题的核心！

当代新儒家里面有一位非常重要的人物熊十力先生，熊先生写过一本叫《韩非子评论与友人论张江陵》的书，他是把《韩非子》当成一种君王术来看待。其实，在中国传统中，《老子》《韩非子》这些书一开始是不鼓励年轻人念的，这些书要到了你人生中后期，真正要去应世的时候，才会让你读的书。所以我们小学一开始念的书，一定是念儒家的书，这真是有道理，因为儒家的书让你性情温厚。

> 孔子曰："入其国，其教可知也。其为人也，温柔敦厚，诗教也。"
>
> ——《礼记·经解》

所以孟子一定要让人读《诗经》；《论语》里面孔子以是否可以读诗，作为学问成熟与否的重要标准。原来，中华民族历史悠久、智慧深远，是因为我们的性情是敦厚的，不是薄情的，这一点很重要。所以首先性情要对，性情对了之后，我们的人生就有理想，这个时候再给你种种的智慧，包括老庄之学、法家之术都慢慢给你，因为你的人品已经端正了，人品端正之后我再给你这些就没有事，但是如果人品不确定的时候给你这些东西，就挺麻烦的。所谓如虎添翼，这个虎到底是来帮助人，还是来害人就很难说了，所以德育真的应该要非常非常重视。因为我们所得到的这么多知识，最后都要用，如果人的品性不好，知识反而会带来更大的灾难。

熊先生为什么要把韩非思想当做君王术呢？其实其中自有它的道理。首先，我们说《韩非子》中的确有君王术的内容，包括《老子》里也有。在当时，这些思想家必须要给当政者提出某种意义上的教导与劝谏，这个很正常。所以不管是儒家、墨家、法家、道家，都在给当时的君王提供劝谏与建议，思想中都有君王术的内容。熊十力先生所给予韩非的并不是负面的评价，为什么是这样子呢？因为熊先生写这本书的背景是抗战时期，抗战是对外的生存之战，国富兵强当然重要。所以熊十力先生虽然是新儒家的大师，可是在这个紧要关头，他对韩非却是非常地同情跟肯定。也就是说，在民族危亡的紧要关头，我们亟需一个很有应变能力的思想，所以他认为韩非思想在这个时候是值得肯定的，这是第一个阶段。

我们再进一步来看，很多人开始对法家进行很严厉的批判，最主要的原因，是因为当时的内战。内战之后，有人认为法家对于中国文化采取的是一种批判态度，而儒家对于文化是采取一种保护的态度，在这个时候就会觉得法家对于文化是不尊重的，所以会反对韩非，这是第二个阶段。


## 二、法中心论

第三个阶段，就是我的老师王邦雄教授的观点。他对韩非的看法又不一样了，他既不想强调抵御外侮的需要，也不是要批评法家对于文化的不尊重，他所要面对的问题，是如何建构中国传统法哲学。当我们在谈德先生、赛先生的时候，难免会问，法治这个概念难道我们中国就没有过吗？一定要从西方借过来吗？难道我们在中国自己的土壤里面，没有关于法哲学这一套观念吗？王教授认为绝对有，所以他那时候重点就放在韩非身上，尤其重视法的观念。

我跟我的老师对韩非的理解是不一样的。这是因为我们的处境是不一样的，就像我们前面所说的熊十力先生，到了王邦雄老师时代是不一样的，所以他们对于法家的关注点是不一样的。王邦雄老师关注的是，既然我们要法治，那我们的法哲学，能不能从中国传统思想中充分展现、建立呢？有没有来源呢？有，这就是法家的韩非！所以他努力把法、术、势加以整合、重构，而以法为中心统摄势与术，这叫作法中心论。以这个法中心论来建构中国法哲学，此后，君王的势跟术都被法所管制，就既不会变成所谓的暴君独裁，也不会变成只是个人的术用，而是统一在法的规范下来使用，这是很有道理的。王老师是有目标和理想的，他就是要通过韩非去建立中国的法哲学，这个高度就不一样了。

我没有王老师的气度跟见识，我只对韩非哲学做一个客观的分析，并没有企图把韩非推到一个中国法哲学的高度来建构。我认为韩非不是性恶论，而是一个中性论，这一点我跟王老师的意见是不一样的；同时我不是法中心论，而是势优先论。王邦雄老师希望建立一个法中心哲学，这个法中心哲学就有一个绝对的客观性，这个客观性也可以安排势，就是把君王的地位，置于法律的前提下加以安顿。其实，在汉代已经有这样的想法，汉代把天子之位当成一个爵称，天子是不可以随心所欲的，也要在一个规定的范围内行事。因为天子既然是一个爵称，爵称就要接受法律的规范，这个爵称具有一定的分位与限制。把天子当成一个爵称，也就是说，其实天子也要服从规则，服从法律，这叫作法中心论。所以法中心论可以把势有一个安顿，这点韩非没有做到，王老师做到了！国家所有的领导者基本上还是要守法，要依法行政，法中心论在这方面就很高明。

法中心论对于术的安顿，就是把术变成一种裁量权，但是你所有的裁量权都是为了要实现法律，你不能够离开法律去做任何的裁量。如果用儒家的讲法来说的话，那个法就是"经"，经常之道。但是为什么要有主管呢？主管就是在规则之间，有时候要根据当下的情境做出裁量，这就是"权"，这就是所谓的权变理论。因此，我们把韩非的思想理解为法中心论，就可以安顿君王的势与术。让君王也能够在一个规则之下依法行政、依法治国，这是对于势的安顿；术不是君王个人的、私人的工具，术是为了满足法的落实跟实践，所以必须要有主观的裁量权，就是权的要求，这是对于术的安顿。从这个角度上说，我们就会知道王邦雄老师的做法，是要把韩非思想做一个往上提升的建构，在韩非的法、术、势的基础上，特别突出其法的地位，变成法中心论，这样才能跟我们这个时代真正地相应，建立一个民主法制的社会，他的想法是如此。王老师会有这样的想法，是他认为我们必须要响应西方的思想、文化上的挑战，难道我们没有自己的法哲学吗？其实是有的，这是王老师非常非常重要的贡献。

## 三、势中心论

我的想法则是要回归《韩非子》原来的面貌，就是我们前面讲到的《定法》。《韩非子·定法》："法者，宪令著于官府，赏罚必于民心，赏存乎慎法，而罚加乎奸令者也。此人臣之所师也。""术者，因任而授官，循名而责实，操生杀之柄，课群臣之能者也。此人主之所执也。"他说"法者，宪令著于官府，赏罚必于民心"，这是人臣之所师也，法是人臣必须要遵守的。那么术呢？因任而授官，循名而责实，这是人主之所执用的。整体意思是说，法律是臣要去遵守的，术是君王才能够掌握的，而这两个都是君王治国的工具，最后都是用来支持君王的治国之道，所以是以君王为中心，就是以势为中心，这个可能才是韩非当时真正的意思。

各位要知道，韩非所处的是一个君主制的时代，你必须回到那个时代去看他的立场，所以我只是想还原韩非当初的想法。我发现，王邦雄老师不是想还原韩非的想法，他是接着说，我是照着说；王老师则是接着韩非说，看能不能进一步调适上遂。王老师认为只把韩非看成君王之术，这个层次太低了，也不能把它当成一个势的优先理论，这个已经过去了。因为我们现在已经进入民主社会，是法治国家，因此，我们应该把韩非思想做进一步的提升和转化，所以才提出所谓的法中心论。从这个角度来看的时候，我们就可以了解，为什么熊十力先生早期会把韩非思想当成君王术，认为韩非的国富兵强对我们国家是有帮助的，因为那个时候我们要抵御外侮。接着王邦雄老师，是要回应西方对我们的挑战。到了我这一代，已经变成一个纯粹的读书人、学者，只是企图把韩非原来的意思，做一种还原和说明而已。所以我才说，我只是停留在一个学者的学习阶段，只是照着说，把韩非的想法如实地跟各位做一个表达与说明。但是王邦雄老师已经不是这个立场，他是接着说，所以对韩非思想就有一些创发，虽然这种创发与韩非原来的想法之间会有一段距离，这个其实很正常，但是这才是一种创造！所以从这个角度来看，我比不上我的老师。因为我还只是停留在理解的阶段，但是我的老师已经是进一步，把它做一个转化、提升、诠释。

在这里，各位要能够欣赏种种不同的理解与诠释方式，我们今天读韩非，是要把他的思想当成君王术，还是要把它当成势优先论？是要把它当成法中心说，还是各位现在有新的想法了呢？这就要交给各位自己来考虑了，不过我可以简单地提示一下。

其实，我们现在管理学领域的研究，对于韩非思想也非常有兴趣，所以我们在讨论中国管理学时，大家也会讨论到儒家式的管理、道家式的管理、墨家式的管理、法家式的管理，甚至有禅宗式、佛教式的管理。所以我们今天可以把韩非思想，这种政治学的智慧，用于治理一个公司，其实也会有一定的效果。我们研究韩非思想的，当然最重视的还是治国之道，但是现在已经可以把韩非这种治国之道，转化为经营企业之道，变成韩非或者是法家的管理哲学，这就是对韩非思想的另一种诠释。这种在管理学领域的研究和创新很值得期待，它可以让韩非的思想与智慧跟我们的生活、时代更加密切地结合，这才是"通经致用"，也才是我们读《韩非子》的真正目标与心愿。

# 第十八讲　势论

## 一、势的独占、分享与授权

这一讲讨论关于势的问题，势到底要怎么来处理会比较好呢？这里面最重要的一个概念就是，韩非主张势一定要由君王独占。但这里也引发了很大的问题，就是势能够独占吗？就这个问题，韩非举了一个最明显的例子：周天子。我们知道，周朝在东周之后，周天子无论是所领辖的领地，还是所拥有的军队、人民，都大幅度地减少，已经不足以来驾驭诸侯了，天子之势已然被诸侯瓜分掉了，春秋五霸，战国七雄，态势十分清楚。所以韩非说周天子虽然贵为天子，但是没有人理他，他没有真正的影响力，为什么如此呢？因为他的势不见了，你没有势就不能作为一个领导或君王，这就是他第一点要说的。

第二点是说，你这个势绝对不能跟人分享，因为一旦跟别人共享之后，势跟势之间就会产生冲突。所以韩非认为在一个国家，一定要有统一的制度，最高的管理者就是君王。这个想法跟韩非当时的背景也有关系，比如在春秋时代鲁国就有所谓的三桓——三个大夫，这些大夫过于强势，使得鲁国的国君也不得不受制于这些大夫，无法保有实力跟权威，这是失败的国君。作为一个国君或领导者，必须要拥有这种实力与权威，这是君王之为君王的必要条件，没有了它，你就不再是君王。我们说董事长是有权威的人，但是韩非提醒你，真正拥有权力的人才叫作董事长。如果你名为董事长，可是你却没有实权，有名而无实，如同周天子一般，就是失败的领导者！道理很简单，虽然名义上董事长是权力核心，但事实上真正拥有权力的人才是董事长。董事长是名，你要有实力、有威势，才能如实拥有董事长之位，所以势对君王而言，是绝对重要的。

但是这样一来就出现了一个问题，国家、公司这么大，你怎么可能一个人管呢？就算你是董事长，你也得聘总经理、副总经理、经理、组长，你要一层一层分下去，你如果不充分授权，别人怎么帮你做事情呢？虽然如此，但是你不要忘记哦，授权就等于把你的权力跟权威借给别人去使用，要保证有借有还，再借不难。君王要能随时收放自如，保持绝对优势！管理一个公司也是这个样子，一方面我们要充分授权，另外一方面，要绝对掌握最后的主宰权。因为国家、公司组织庞大，所以一定会有它的层级跟结构，这个结构性必然地要求你把某一部分权力转授给你的部属，授权嘛！我授权你来帮我管理财政、帮我管理业务、帮我管理安全，但是在授权的过程中，你的权力就慢慢开始转移，在这个时候你就要注意了。你可以授权，而且你非授权不可，你不可能所有事情都自己做嘛！所以授权是必然的。问题在于你有没有办法，有没有能力，去把握这个授权过程的合理性与合法性。你一定要有一个很好的法规来规范，使所有人都不能越权、不敢越权。要保证属下这个时候，必然会在你的规范下，使用你所授予他的权力，韩非称之为"因任而授官，循名而责实"。所以在韩非看来，君王要尊重结构跟体制，在这个结构跟体制下，我的权力一定会分出去，问题在这个权力分出去之后，能不能有好的规范加以控制。这是第一个重点谈授权，这是势的问题。

## 二、法、势、术的统一

规范是以法为基础，所以第二个问题是法的问题。君主要臣子依着你给他的规则、范围，去运用你赋予他的权力，去帮你执行任务。要在规则底下来行事，这个规则就叫作法。至于能否判断属下是否真正依法行事，有没有照你的意思去做，有没有阳奉阴违，这就是术的问题。所以你看，法、术、势三个核心概念，不就都出来了吗？君王有势，所以能够授权，不就是把势分给属下了吗？但是属下用势一定要遵守法，法不就来了吗？至于属下有没有遵守法，我怎么知道呢？要靠什么？靠术啊！所以法、术、势最重要的三个核心概念就出来了。谁才是董事长？拥有权力的人就是董事长；如果你是董事长，可是你没有权力，就只是傀儡而已！同理，你是君王，一旦你没有权力就名存实亡了！权力在谁手上，谁就是君王。这也是韩非首先提醒我们的：势力对君王言，是绝对的必要条件。

其次呢？因为我们管理的对象有其组织跟结构，所以从我们必然要把权力释放出去，请其他人帮忙管理，这个叫作"因任而授官"。"因任而授官"下面还有一句话，叫作"循名而责实"。我给你一个职位，那么我就根据这个职位对你有所要求，"因任授官，循名责实"，一清二楚，这个时候的授权是安全的。反之，如果你的授权没有法律的规范，这个授权就是非常危险的，而"循名责实"的标准就是法，循法之名，责法之实，如此而已。

另外还有一点很重要，虽然君王有权势，可是你一定要让人民能够安居乐业，否则人民必然会反抗，而君王的权势也就因受到挑战而产生危机。所以我上一讲跟各位说，资本主义的信条之一是商人"谋财不害命"，这是基本的道德，商人可以赚钱，但是一定要维护顾客的健康。顾客的健康就是我的财源，我们可以谋财，但是不能去害命，这一方面是道德的问题，另一方面也是利益的问题。因为只有在我们的顾客越来越健康、越来越拥有财富的时候，我们的商品才能源源不断地销售下去，不是这样子吗？所以从这个角度来看，我们一定要让每个人都活得很好。我们爱别人，其实就是爱我们自己，法家也是这样的想法。

韩非认为，君王不应让人民有过多的徭役，每天抽税还要人民去当义工，然后人民的本业都不能做，连活都活不下去，那国家怎么会安定呢？所以君王一定要先让人民能够安居乐业，如果你能让百姓安居乐业，大家都会尊重你，因为是你的权力保障了他的生活。你越是让人民过得好，人民就越支持你的权威，因为你的权威对他而言是一种保障，而不是一种压榨。在这种情况下，你的权力才会越来越能够被人民接受，甚至让人民觉得一切理当如此，这时候你就是一个非常成功的领导者了。但是如果你反其道而行，这个时候民怨一定四起，此时只要有臣子能够安顿人民，大家就会支持臣子，权力也就会转移到这个臣子身上，君王的领导就会被挑战，甚至被推翻！

我们到底能够不能够合理、健全地授权，关乎术的重要性。君王如果没有术，再好的法律也没有办法实现，臣子还是可以钻法律的漏洞啊！法与势都是客观的道理，但是术却是一种主观的修养，十分复杂而难以掌握。所以《韩非子》中讨论术的篇幅是最多的，韩非对术是最不放心的，因为术的难度最高。

## 三、韩非思想的现实意义

最后我们简单反省希腊哲学对于政治模态的三种说法：第一种模态是一个人来管理多数人，好的叫作哲学家皇帝，不好的叫作暴君政治；第二种就是少数人来管理多数人，好的叫作贵族政治，不好的叫作寡头政治；第三种就是多数人来管理多数人，好的叫作民主政治，不好的叫作暴民政治。显然，韩非还是站在第一种立场上发言，现在民主似乎是由多数人来统治多数人，不过因为我们人口众多之后，就会采取所谓的代议制度，由少数人代理多数人来行使权力，但是代议士是不是真的能够反映人民的心声，那就是另外一个问题了。因此，当我们选取了代议士执行权力，帮我们做代理的时候，这些代议士还是要在法的规范下去执行代理。而且我们还要监督代议士，有没有如实地反映人民的心声。重点在于我们需要一个好的规范制度，来判断代议士到底有没有尽他的责任，这就是法跟术的问题。所以我要提醒各位，韩非这一套讲法不只是适用于君王政治，对我们现在的民主政治、议会政治，甚至对于企业管理，其实都可以发挥正面的作用，只是看我们如何加以利用了。

# 第十九讲　圣君贤相与中主而治

　　在《韩非子》中,《难势》这一篇非常重要,也非常简短。

　　本篇里面有三位主角,第一位主角是慎到,第二位主角是儒家,第三位主角是韩非自己。所以《难势》可以分为三个部分,第一个部分就是慎到说明了他作为势治派领袖对于势治的看法。由于儒家跟法家在当时是一个竞争的态势,所以在第二段韩非就把儒家的立场作了一个叙述,从儒家的角度来看慎到的讲法能不能成立。第三段韩非做了一个总结,建立法家相对进步而且比较完善的说法。

　　最后,我们反省看看韩非的想法是真的无懈可击呢,还是说他遗留了一些可能的发展空间。

## 一、慎到论势

我们先看看慎到的讲法。《韩非子·难势》："慎子曰：'飞龙乘云，腾蛇游雾，云罢雾霁，而龙蛇与蚓蚁同矣，则失其所乘也。'"慎到的讲法非常简单，飞龙乘云，腾蛇游雾，云雾起的时候，飞龙、腾蛇就可以乘云驾雾，飞翔自在，但是当云雾一旦消散，飞龙、腾蛇就无所依附，只能在地上爬行，就从空军变成陆军了。慎到的意思是说：一个君王你的身份如同龙蛇，如果没有了云雾势位支撑的话，你跟一般人也就没有什么差别，就像龙蛇与蚯蚓、蚂蚁无所区别一样。这里告诉我们一个重点，如果没有云雾，龙蛇无法飞翔，那么君王没有了势，就与百姓无别，也就没有了治国的条件了。他举的例子很简单，即使像桀、纣这么差的人，当皇帝的时候也可以把天下搞得乱七八糟。为什么？因为他是君王，他有势。反过来说，孔子是好人、是贤者，但是周游列国而不为国君所用，空有一身才华，也没有办法去施展他的抱负，这是因为孔子没有君王的势位啊！桀、纣虽然都是恶人，但是他们有势位就可以统治天下，像孔子这样的好人，如果没有势位的话，也没有办法统治天下。所以你是不是贤人是不重要的，最重要的是在于你有没有势、你有没有位。易言之，势位就是统治天下的必要条件，这是势治说的基本立场。

## 二、尚贤主义

儒家对于慎到的批评，不是批评势位的重要性；慎到说人一定要有势，才有机会来治理国家，这一点儒家完全接受。飞龙、腾蛇一定要靠云跟雾才能够飞起来，这没有什么问题。不过慎到问的第二个问题很有趣，他说飞龙、腾蛇可以乘云驾雾，没有了云雾只好走路。那如果一只羊、一只马呢？能乘云驾雾吗？不行嘛！所以儒家告诉你，当飞龙、腾蛇没有云雾支撑的时候，只好走路。不过，你要知道啊！是飞龙、腾蛇有能力才能乘云驾雾，马跟牛就没能力乘云驾雾了。也就是说，能够乘云驾雾的这种人，是有特殊的能力与条件的。没有飞龙、腾蛇的能力，你根本没有办法乘云驾雾。所以你没有好的才能、没有好的品德，同样也成不了气候，给你势你也承受不了。所以从这个角度来看，尧、舜在位的时候能够治天下，桀、纣在位的时候却乱天下，因为这些人都有势位，但是为什么桀、纣是乱天下而不是治天下？为什么尧、舜能把国家治理得很好，被我们传为美谈，而桀、纣就被我们一直唾弃呢？很显然，单凭势是不能决定治或乱的，势只能决定你有没有机会来治理国家，至于是否能够把国家治理得好，还需要更多的条件。你想想看，桀、纣跟尧、舜，你会喜欢谁？你当然会喜欢尧、舜，怎么会喜欢桀、纣呢？就是因为尧、舜才美德高，如此才能治国平天下。因此，儒家建立了两个前提，第一个前提就是说，慎到提出来的"势位"是治理国家的必要条件；第二个就是说，君王有了势位，并不代表你就能够把国家治理好。所以除了有势位之外，还要再加上德行与能力，如果能承认这个前提的话，那么当我们要找比较好的君王，就要找尧、舜，怎么会找桀、纣呢？所以儒家就强调他很重要的一个讲法，叫作"尚贤主义"。尚贤主义就是说，如果我们要治国，一定要找一个好的君王、有德行的君王、有能力的君王才能乘云驾雾，把国家治理好。

势是治国的必要条件，这一点儒家不否认，但是势并不是能把国家治理好的充分条件。除了势，我们还要回到人本身，儒家就一直强调这一点。儒家强调要圣者为王，我们一定要找到圣君、找到贤相，才算是找到好人，才能把势的正面价值发挥得淋漓尽致，这个讲法很合理。第一回合各自表述，彼此的立场都很清楚了，慎到只是把自己的意见表达出来。第二回合儒家并没有否定慎到，儒家只是说慎到只强调势位的想法不完备。此时儒家也就把人才、尚贤观念带进来了，也就是儒家的尚贤主义。

## 三、中主而治

而第二个回合辩论完了之后，韩非就要做总结了。韩非的总结很简单，第一点，韩非对于慎到的讲法是肯定的，君王的地位就来自他的势。第二点，韩非也不否认儒家，有尧、舜就能把国家治得很好，那桀、纣呢？这个国家就乱了。不过韩非要问的问题在于，如果主张圣君贤相能把国家治理好，我不反对，但是我们从历史上来看，有多少的圣君贤相呢？有多少尧、舜呢？寥寥无几！不多的！除了尧、舜之外是不是都是桀、纣呢？也不是。儒家心目中的君王，不是尧、舜就是桀、纣，这是一种错误的二分法，我们在哲学上的讲法叫作非黑即白。要不然是黑色，要不然就是白色，其实黑色、白色中间还是有很多种颜色，尧、舜与桀、纣之间还有许多一般人啊！你为什么说君王不是尧、舜就是桀、纣呢？不是最好的就是最坏的，其实君王是桀、纣、尧、舜的几率是很低的。韩非说："且夫尧、舜、桀、纣千世而一出，是比肩随踵而生也，世之治者不绝于中。吾所以为言势者，中也。中者，上不及尧、舜，而下亦不为桀、纣。"韩非认为，桀纣、尧舜千世而一出，就是比肩接踵而至，几率很高了。事实上，千世都难一出，极好极坏的人当君王的几率太低了。那是谁最有机会当君王呢？当然就是最多数的人，也就是常态的一般人。所以韩非的结论很简单，我们法家要去设计一套制度给君王来使用，这一个使用者既不是桀、纣，也不是尧、舜。尧、舜还需要用制度吗？他德行这么好，早就把国家治理好了。桀、纣呢？你给他制度也没有用，他还是会把国家给败坏掉。所以法家不是为了你们这些圣贤去设规则，也不是帮你们这些昏君去找办法，我只是针对一般人，他既不像尧、舜这么好，也不像桀、纣那么差。他就是一般人。

儒家的设计就只是为了尧舜、桀纣这两种人去考虑，但是法家不考虑这两种人，韩非只考虑大多数的一般人，因为这些人当君王当领导的机会是最高的。如果我们一定要等到尧、舜出来才能治国，那要等到什么时候呢？我们现在就要治国，我们怎么可能一百年后再治国呢？所以韩非批评儒家舍近求远、不切实际。韩非说："且夫百日不食以待粱肉，饿者不活；今待尧、舜之贤乃治当世之民，是犹待粱肉而救饿之说也。"某人遇到一个流浪汉，这个流浪汉说："我肚子实在很饿，先生，拜托请给我一点儿钱，让我吃一点儿东西吧！"其实你就给他一点儿钱，让他买个面包、馒头吃吃也就解决了。结果你居然说："我怎么可以只给你一二十块，只让你吃一个馒头呢？太不像话了，你等我，你等我创业成功、家财万贯之后，请你吃满汉全席。"你看看这个流浪汉会怎么回你："等你请吃满汉全席要等到什么时候呢？我现在只要一个馒头、一碗粥就行了，你跟我讲满汉全席有什么意义？"所以韩非的意思就是说，不必等，我就建构一个制度，创立一个操作模式，让这些一般的人当了君王的时候，也可以很顺畅地治国，这叫作"中主而治"。圣君贤相既不可待，也不必待，只要照我韩非这一套去操作，中主就可以把国家治理到一定的水平，这就是中主而治的精神。

那中主而治的做法是什么呢？韩非说："抱法处势则治，背法去势则乱。今废势背法而待尧、舜，尧、舜至乃治，是千世乱而一治也。抱法处势而待桀、纣，桀、纣至乃乱，是千世治而一乱也。"中主，抱法处势则治，背法去势则乱。我们不需要等圣贤，因为既来不及，也没必要。我虽然没有飞

机，不过我还有高铁，我没有高铁，我还有汽车嘛！你每天
想着宇宙飞船，这是不切实际，这就是韩非中主而治的立场。
所以韩非说：

> 夫待越人之善海游者以救中国之溺人，越人善游矣，
> 而溺者不济矣。夫待古之王良以驭今之马，亦犹越人救溺
> 之说也，不可亦明矣。夫良马固车，五十里而一置，使中
> 手御之，追速致远，可以及也，而千里可日致也，何必待
> 古之王良乎！
>
> ——《韩非子·难势》

中主而治就不需要儒家的尚贤主义，我不需要等到尧、舜圣贤
出来，还是可以把国家治理好。我们从今天的角度来看，韩非
这个想法最适合、最符应我们这个时代。

## 四、《难势》三部曲

总之，《难势》分为三部曲，第一，慎到告诉我们，没有
势位根本没有机会治国。第二，儒家是说你有势位，并不一
定能把国家治理好，要想把国家治理好，还得要有才有道的
贤人来用这个势，所以叫作尚贤主义。第三，韩非的意思是
说，你们两家都对，不过说得都不到位！儒家说一定要贤人
才能把国家治理好，但是这种贤人要等到什么时候？等不及

的！我现在就要治国了，所以，韩非就设计一个一般君王都能运用的模式来治国，这叫作中主而治。中主抱法处势则治，背法去势则乱，这就是韩非所提供的一套最安全而且最具可操作性的模式。

《难势》三个主题，第一个就是慎到的势治说，第二个就是儒家的尚贤主义，第三个就是韩非的中主而治。即使21世纪的大多数社会，还在采取中主而治，它也能够维系国家的稳定和安全，这是法家非常务实的智慧跟做法。不过最后我提醒一点，各位不要忘记韩非最精彩之处，就是告诉我们不需要像儒家，一定要选一个贤者，中主而治就可以了。中主只需做两件事情而已：抱法、处势。但是法家有三个宝贝："法、术、势"，中主抱法处势的时候要不要用术？问题出来了。你要不要用术？一定要用！请问各位，是中主用术厉害呢，还是这些所谓的智者、圣贤用术厉害？当然是智者跟圣贤用术厉害嘛！所以如果你只是一个中主，而大臣聪明远在君王之上的时候，中主能驾驭得了他吗？当臣术比君术厉害的时候，中主而治还能成立吗？这就是韩非思想的问题之所在！也就是为什么君王到最后，总是被蒙蔽甚至被推翻，根本原因其实就在这里。

韩非讲抱法处势则治，其实他缺少了一个条件就是用术，那谁能够用术，而又能够把抱法处势做得最好呢？还是贤者！这是非常吊诡的一件事情，韩非的精彩之处就在于把儒家的尚贤主义彻底地抛弃掉，可是如果中主真的要抱法处势，而达到一个完美的境界，真的能够把国家治理好的话，还是得要有术不是吗？而这个术一般人用、贤者用、不肖者用，效果完全不同。所以韩非的问题在于，一开始他超越了尚贤主义，但是他走到了后面，似乎又要回头再把尚贤主义偷偷地找回来，这对韩非来说是一个难解的问题。这就是为什么我们说，韩非子对于术的说明特别多，其中理由就在这里，这是韩非思想体系中的一个秘密。

# 第二十讲　孙悟空与紧箍咒

## 一、圣君贤相不可期

上次我们在《难势》讨论的第一个重点是：势重不重要、贤君重不重要。由于圣贤难求，千世而一出，所以韩非是以中主而治取代了儒家的尚贤主义。当然，概率低并不表示绝对不可能，因此，万一尧、舜、桀、纣当了君王又会如何呢？答案很简单，尧、舜为君，则天下治；桀、纣为君，则天下乱。韩非认为，无论遇上贤君暴君都是命，是我们无法控制的事情，虽然有可能碰上，但概率低到不必考虑，否则我们根本无法推动常态的治国。

第二个重点是：韩非强力主张中主而治，这当然也不错，不过，如果有圣君贤相不是更好吗？天清地宁，国泰民安。其实，圣君贤相可能也不一定最好，不一定的理由是什么？原来，假设真的有所谓的圣君贤相的时候，我们反而会出现很严重的问题，就是因为圣君贤相太好了，帮我们把事情全都管好了，人民就根本不必再关心这个社会、国家、世界，所以"日出而作，日入而息，凿井而饮，耕田而食，帝力于我何有哉"。这是天民，也就是在太平盛世之下，不必过问天下事的人民，责任全交给圣君贤相。但是今天我们必须做个公民，要积极参与社会实践，尽公民应尽之责任与义务。

《孟子·滕文公下》："圣王不作，诸侯放恣，处士横议，杨朱、墨翟之言盈天下。"在孟子来看，乱世之际，圣人之言没有人信，所以处士横议，诸侯乱七八糟，大家吵成一团。今天有圣君贤相出来之后，所有的东西都有了标准了，有了标准之后就天清地宁了，不是很好吗？但是这里有两个问题，第一，就算今天有圣君贤相出来，因为他太好了，所以我们什么都相信他、什么都交给他，结果圣君贤相就会被我们累死，他们的负担太重了。第二，圣君贤相的负担为什么这么重呢？是因为我们把自己本来该负的责任，丢到他身上去了，所以我们就日出而作，日入而息，什么事都不管了，也就是放弃了对社会与政治的参与，那是不对的。我们当然不必对政治有过度的兴趣，但是如果我们完全漠视责任，不关心国家，可能也是一个大问题，因为我们的时代要求人民对国家社会要有责任、义务。

## 二、抱法、处势、用术

圣君贤相的问题解决了，我们开始讨论法的问题。我们都读过《西游记》，你觉得孙悟空会喜欢紧箍咒吗？当然，答案很清楚，谁会喜欢啊？谁都喜欢自由自在嘛！现在如果你是君王，你会喜欢戴紧箍咒吗？当然不会！那君王的紧箍咒是什么呢？就是法律。所以在韩非看来，君王制定法律不是自己去戴个紧箍咒，用法律进行自我限制、自我要求，韩非不谈这一套。君王立法是要管理我下面这些众臣的，术是给君王用的，法呢？是让臣子们去遵守的，不是让君王去遵守的。如果让君王去遵守，等于君王弄了一个紧箍咒往自己头上戴，人民就会用法来要求君王，君王不就被挑战了吗？君王不就没有权威了吗？因为最高的权威已经不是君王，而是法了嘛！那就变成我们现在所谓的民主法治了，就不再是君主政治了。

韩非那个时候还是君主政治，所以孙悟空会喜欢戴紧箍咒吗？君王会希望有一个法律来管制他吗？当然不会！所以《韩非子》里面说到的法，不是我们今天的宪法这个概念，它其实就是一般的命令、法令，这是由君王发出的法令，用于统治众民，而不是说君王没事立个法来要求自己，这就是当初我为什么没有坚持韩非是法中心论的一个理由。所以各位要了解法家"法"的概念，跟我们现在所谈的那种法哲学和所谓的宪法的概念是有距离的。孙悟空不会喜欢戴紧箍咒，君王也不喜欢你立法来规范他，君主立宪是后来的事情，是时代演进的结果。

法是让臣子来遵守的，术是给君王来使用的，那势呢？势是给君王来执守的。抱法、处势、用术，这就是韩非法治思想的三大纲领。因为君无术则弊于上，所以中主而治最大的危机，就是中主会容易被那些聪明的臣子所操弄而弊于上，甚至有弑篡之祸。我们中国人常常说富不过三代，这个说法有一定的合理性。以国君为例，历代开国元君基本上都是非常强悍的，否则怎么能冲决网罗，平定天下？你要冲破僵化与不合理的社会结构，一定要有大气魄才能把它冲破，所以中国以往一定是靠英雄来打天下，英雄才有那种生命力嘛！刘邦、项羽这种英雄人物才能横扫千军，摧枯拉朽，才能将那么僵化的既有组织推翻而后重建。人间就是这样不可思议啊！所以在中国以往就叫打天下，打天下就要靠英雄的生命力，把现有的僵化乱局彻底解放，所以第一代君王的生命力一定是很强悍的。第二代呢？爸爸带着儿子打天下，所以儿子虽然不见得在第一线，但至少要跟着跑吧！所以，多少也还能够耳濡目染，而独树一格、称霸一方。我把第一代君王就戏称为"野鸡"，可以在野地里自己求生存，不需要依赖别人，可以自己把路打出来的人物。第二代君王戏称为"放山鸡"，他既不是"饲料鸡"，也不是完全在野外生存，但它至少还是在园地里头，而不是在笼中被饲养。而到了第三代君王以下往往就不行了，天下已经稳定下来了，君王自小就住在深宫之内，长于妇人之手，换言之，生活太优渥了，所以第三代君王我就戏称为"饲料鸡"，已经没有那种战斗力了。这其实就是环境使然，所以韩非说"世异则事异，事异则备变"，这句话也可以用在这里。而孟子说"生于忧患，死于安乐"，当然有一定的道理，所以让小孩接受一点儿挑战、吃一点儿苦，其实也不见得是坏事，就是为了磨炼他的意志。

除了自身的修养之外，君王对臣子要有一定的要求，他要臣子做到什么程度呢？《韩非子·有度》："贤者之为人臣，北面委质，无有二心，朝廷不敢辞贱，军旅不敢辞难，顺上之为，从主之法，虚心以待令，而无是非也。"顺上之为，从主之法，换言之，臣子对于君王的命令跟要求，必须绝对服从，你不能有自己的意见，这叫作虚心以待令。臣子不能有自己的意见，以领导的意见为意见，这才能够统一，不然步调就乱了，就互相抵制，这怎么治理国家呢？虚心以待令，然后而无是非也，无是非不是说这个人没有是非的意思，而是你要以法令为标准，没有个人主观的是非好恶。

如果你是一个儒家，你就会去反省这个法，到底是恶法还是善法，恶法的话我就不接受，宁死不屈，这就不是法家的想法。顺上之为，从上之令，然后虚心以待之。臣子没有成见，纯粹听命行事。这样我们才能团结一心，不然你一心，我一心，那不是一片散沙吗？所以如果君王善用术，大臣就没有办法在底下浑水摸鱼，就不得擅断，那么近习也不敢卖重，你身边的人不敢挟天子以令诸侯，拿着鸡毛当令箭。所以对我们身边的人，还是要稍微留意一下，因为他有的时候会卖重嘛！《韩非子·和氏》："主用术则大臣不得擅断，近习不敢卖重；官行法则浮萌趋于耕农，而游士危于战陈。"君主用术就能掌握臣下，而官吏行法则能推动法律的运作，而那些游民、无所事事的人，就慢慢地被纳入生产体制，发展生产让国家能够富强。同时也不会有游侠在那边荡来荡去，也不会有黑道。你要是有勇气，你就当军人保卫国家，你的勇气用在鱼肉乡里上是没有意义的。

## 三、用好韩非思想活的部分

我们上次也讨论过孙悟空是否喜欢戴紧箍咒这个问题。其实汉代《白虎通》里面就有这样的认识，将君王视为爵位之称。既然是个爵位，就表示君王也应该服从法令的规范，这就是一种公天下的想法了。但是中国几千年的帝制，并没有走这一条路，从汉光武帝之后，君主的集权更为明显，传统一直走这一条路，当然在西方也是如此。

到我们现在这个阶段，当然会有新的想法跟看法，所以我们读韩非并不是要回到君主时代，而是我们要把古人智慧挑出来，这才是韩非思想里面活的部分。所以我们复兴传统文化，是要复兴优良的、优秀的传统文化，而不是把传统文化全部都复制一遍。传统文化有活的部分，也有死的部分，我们就要把活的部分发扬光大，并抛弃那些死的部分。韩非没有想到我们今天的民主政治，在这一点上，我们要反省如何限制君王的权力。从我们中国的传统中是找不到相关做法的，一直找不到，儒家没办法，只好用圣人的教训来劝谏君王。中国文化传统找不出办法、程序、方式来限制君王的权力，以及如何安排政权转移的问题，现在的政治制度在操作跟程序上的成就是一种进步，这是我们有别于韩非之处。

# 第二十一讲　儒家与法家的平等观

　　本讲来和大家谈谈法的平等性这个概念，这个想法很有趣。韩非的背景是一个君主政治时代，能提出法的平等性，其实是有很大贡献的，这个主张跟孔子的想法其实有异曲同工之妙。

## 一、儒家的平等观

　　我们都知道，孔子是最伟大的教育家，是至圣先师。孔子教育思想中非常重要的理念，是有教无类。《论语·述而》："子曰：自行束脩以上，吾未尝无诲焉。"这里面透露出一个很重要的讯息，就是孔子把以往贵族圈里面所拥有的那一套知识系统跟内容，完全地开放出来，导致知识快速地普及。所以从这个角度来看，先秦时期为什么会有百家争鸣，其实跟孔子的这种努力是有一定关系的。孔子让更多的人有机会平等地来接触更多的知识，所以孔子已经从教育上把人的平等性凸显了。

《论语·述而》："子曰：仁远乎哉？我欲仁，斯仁至矣。"只要我愿意当一个仁者，做一件好的事情，我都可以做到，这个意思就是说我们每个人都有仁心，都可以成圣成贤，所以"有教无类"是教育的平等，那么，"我欲仁，斯仁至矣"，则是人性的平等，甚至我们日后达到圣人境界上的平等，这就是人皆可以为尧、舜。也许我不能做到董事长，不能当部长、当总统，这是位，有命焉，因为位子只有这么多，不可能每个人都当嘛！不过，儒家给我们一个很重要的讯息是说，也许不能每个人都当总统，但是每个人都可以当君子，都可以当圣贤，这是没有问题的，是平等的，所以儒家在教育、人性、自我的实现上是完全平等的。这是儒家非常重要的贡献，我们必须予以肯定。


## 二、法家的平等观

如果根据儒家的平等观再推进一步，其实就是法家讲的"法律上的平等了"。在春秋时代，"礼不下庶人，刑不上大夫"（《礼记·曲礼上》），贵族阶级跟庶民阶层所遵守的规则，所拥有的责任义务是不同的。刑不上大夫，这个地方就表示作为大夫的贵族跟平民之间是不平等的，至少在政治上是不平等的，法律上也不一定平等。现在法家就要把这个不平等打破，也就是"刑过不避大臣，赏善不遗匹夫"（《韩非子·有度》）。有了过失，大臣也要接受刑罚，做了对国家有益处的事情，匹夫也有赏赐，一律平等。儒家肯定教育的平等、人性的平等、自我实现的平等，法家则肯定政治、法律上的平等，而且做到了，这是法家很重要的一个贡献。

所以我们可以说儒家叫作有教无类，法家就是有法无类，在法的面前大家都一样。法家在这方面所做的努力，就是把贵族不恰当的社会地位做了一个反转，让每个人在法律面前都是平等的。韩非说："明主使民饰于道之故，故佚而有功。"（《韩非子·饰邪》）一个聪明的君王要让人民都能够依着法令来行事，这个叫作知道。所以中文很有趣，我们知不知道，其实我们没有好好去了解"知道"是知什么道，这个你读《老子》就知道。

"道可道，非常道，名可名，非常名"，"知道"可不是一件容易的事情，"知道"是"大哉问"，老子那个"知道"跟我们现在所说的知道，意义是不一样的。所以韩非认为，要让人民能够守法令，就是知治国之道，佚而有功，所以当国王、当领导不能太累。老子也一直提醒我们："治大国若烹小鲜。"你总是忙得一塌糊涂就表明你有问题，你的时间管理，还有你的知识管理可能出状况了。所以举重若轻是一个大智慧，君王之所以能如此，是因为掌握了道的结构，不需要再花力气，就能够把事情做好，真正称职的君王其实应该是非常自在的。

## 三、惑乱之道

各位当主管的要经常把员工带出去走一走、动一动，这个叫作佚，我们整天忙得跟陀螺一样，这样的人生是不会有智慧的。无聊是智慧的开端，所谓无聊的意思是指你要有一点儿空闲，要有一点儿闲情逸趣，才会有一种特殊的感动与洞察力。我们每天都疲于奔命，这怎么可能会有智慧呢？所以这里特别谈到明主是"佚而有功"，很闲逸很轻松，可是事情全部都做好了，其实这是最好的。至于我们如何能做到这一点，韩非说："释规而任巧，释法而任智，惑乱之道也。乱主使民饰于智，不知道之故，故劳而无功。"（《韩非子·饰邪》）换言之，明明国家的规则很好，可你不守规则，自己左做一个判断、右做一个判断，从局部来看也许你的判断是正确的，但是如果从大的格局来看，你的判断很可能是错误的，因为你的考虑可能是片面的，不完整的。这个就是法家反对释规而任巧，就是用自己的小聪明破坏了整个大结构，那个损失是非常大的，所以释规而任巧，释法而任智，是祸乱之道。所以君王的责任就是要去维护法的体制，而且自己要能够遵守规则。因为如果自己破坏规则，就很难让下属去遵守规则，国家一旦陷入一种无法的状态，就很难管理了，也很难发挥真正的力量跟价值。

其实孟子也有类似的想法，《孟子·尽心下》："孟子曰：梓匠轮舆能与人规矩，不能使人巧。"大匠教学生的时候，会给你规矩，可以告诉你一个 SOP 的作业流程。可是同样的作业流程做出来的东西，就有高下之别、粗细之分，差别就是在巧。巧必须要在实际的操作过程中，才能够磨炼出来，我怎么能够教你呢？老师不能帮你磨炼，你得自己去体验，自己去努力，自己去感受，这个就是孟子所说的"大匠能授予人规矩，不能授予人巧"。如果你只是用个人的巧，放掉了规矩，你没有办法教学生，没有办法领众，也没有办法治国的。所以韩非跟孟子也有一些相似之处。

我们可以训练一个美术系的教授，但是我们很难训练出一个艺术家；我们可以训练一个厨师，可是烹调大师是没有办法训练的，那需要个人的生命体验跟体会。这个地方如果再把它扩展一下，就是《庄子》"庖丁解牛"中的概念。如果说我们能训练一流的工匠，已经很不容易了，我们要对这些工匠表达高度的敬意，他们代表了一种工艺之美，这个绝对要尊重。但是工艺跟艺术差别在哪里？那就是道与技的差别了，庖丁解牛的故事中讲到庖丁解牛一流，文惠君在欣赏其解牛之后不禁赞叹："嘻，善哉！技盖至此乎？"庖丁释刀对曰："臣之所好者，道也，进乎技矣。"（《庄子·养生主》）文惠君说庖丁技术无与伦比，而庖丁却觉得文惠君并不了解他，我怎么是技术高超呢，你把我当成工匠了。"臣所好者，道也，进乎技矣"，说的是我不是在弄技术，而是在体证道。

所以艺术家跟工匠的差别在哪里？就是一个有道，一个只有术。同理可证，如果这样来看一流的管理者或者是领导者，他就不能只有术，还要有道，因为只有道才能保证他真正地永续发展。前面讲过申不害辅佐韩昭侯，数十年间无侵韩者，表示申不害很厉害，可是韩国后来就不行了，为什么呢？因为韩昭侯不在了，申不害也不在了，人存政举，人亡政息。相对而言，商鞅虽然被杀，可是法还在，秦的法律结构没有被破坏，所以能统一六国，这个就看出他们的差异性。

为什么法家特别反对释规而任巧，不是说我们要把那个巧丢掉，而是说不能用小智之巧来干扰我们对于整体性的掌握，不要用局部的角度来破坏我们的整体观。所以"一民之轨，莫如法"（《韩非子·有度》）。我们对法的平等性、普遍性要加以尊重跟维护，这样彼此才能有共识，让我们彼此不至于冲突。如果你要修法，一定要从整体来看，不要从部分、局部的角度来修法，因为那样的话可能会顾此而失彼。

# 第二十二讲　法家的字典里没有"白马非马"

我们今天来讨论韩非法的统一性这个概念，此中要先从"名"下手。

## 一、释"名"

首先我们可以看孔子的说法。《论语·子路》："子路曰："卫君待子而为政，子将奚先？'子曰："必也正名乎！'"孔子说："必也正名乎"，所以君君、臣臣、父父、子子，你当什么就得有个什么样子。我们常说这个人不行，怎么换了位置就换了一个脑袋，前后不一致呢？其实，世异则事异，事异则备变，换了位置当然要换脑袋了。你是董事长，回到家里位置是不是换了，你还没有换脑袋，你回去让你太太和小孩子跟属下一样对你恭敬有加，有意义吗？在家里你是父亲，这个时候，你就要用父亲的角色来看待，这就是孔子关于正名的概念。

其次，对名有很重要的解释是谁呢？就是老子。

> 道可道，非常道。名可名，非常名。
>
> ——《老子·第一章》

所以道家也非常重视名这个概念。荀子也有《正名篇》讨论名这个概念。先秦诸子里面，谁是用名为家的呢？名家，重要的人物就是惠施跟公孙龙。这些都是所谓的辩者，辩才无碍，有趣的是庄子在《天下篇》里面也评价了名家。

> 桓团、公孙龙辩者之徒，饰人之心，易人之意，能胜人之口，不能服人之心，辩者之囿也。
>
> ——《庄子·天下篇》

我辩不过你，可是我就是不要接受你的讲法，我就觉得你这个人有诡有诈，但是我没有你厉害，我揭不穿你，这叫服人口，但是不能服人心。

## 二、概念歧义与语法歧义

我们现在再举两三个例子，然后我们就可以知道为什么法家不喜欢这些人。

第一，白马非马：

> "白马非马"，可乎？曰：可。曰：何哉？曰：马者，
> 所以命形也；白者，所以命色也。命色者非命形也。故曰：
> "白马非马。"

——《公孙龙子·白马论》

"白马非马"这一句话，我们乍一听觉得很奇怪，白马怎么可能不是马呢？完全不能接受对不对？其实这句话是有歧义的，因为"白马非马"这个"非"字的含义不定，如果把它解释为白马不是马，这当然是错的。就跟你说男人不是人一样，这当然不对了。人是一个类，男人是它的次类，次类当然包含在类里面，所以白马属于马。但是"白马非马"你可以从另外一个角度来看，我要白马的时候你随便牵一匹马来就不行，表示马跟白马这两个概念不能画等号。所以白马非马一个叫作白马不属于马，一个是白马不等于马。如果说白马不等于马，我能接受，只要把那个非字定义清楚就解决了，也没有多神秘。

"白马非马"是概念的歧义，现在我们看看语法的歧义。"士可杀，不可辱"，儒家勉励我们要能够杀身成仁，舍生取义，这就是所谓义利之辩。但是"士可杀，不可辱"也可以断句为："士可杀？不！可辱！"例如，"男人没有了女人，活不下去。"也可以断句为："男人没有了，女人活不下去。"这是因为整个句子不清楚，也就是一种语法上的歧义。虽然名家用了白马非

马与他人辩论，可是却没有把真正的逻辑概念传达出来，这个时候就叫作服人口，但是不能服人心。因为他没有把它当成一个逻辑学来做讨论，所以我们觉得名家不能服人心，于是也就没有认真讨论其中的逻辑问题，所以名家这个传统，日后在中国并没有再发扬光大，实在十分可惜。

第二个有趣的例子：《庄子·天下篇》："一尺之捶，日取其半，万世不竭。辩者以此与惠施相应，终身无穷。"一尺之捶，我每天取它的一半，永远也取不尽，这就涉及无限小的概念了。

最后我们举一个两难的论证，各位想想看也很有趣。人生哲学里面常常谈到所谓的悲观主义和乐观主义，我们就用结婚这个例子来做比喻。乐观主义者会告诉你：结婚了有人照顾，所以是快乐的，不结婚自由自在还是快乐的；悲观主义者会告诉你：结婚丧失自由所以痛苦，不结婚无人照顾所以痛苦。其实结婚不结婚与快乐痛苦，难道一定就是悲观主义者跟乐观主义者这样子的想法吗？乐观主义者是从婚姻的好处说，悲观主义者是从婚姻的坏处说，其实哪有这么回事，一定是阴阳两面都有，有得就有失嘛！


## 三、刑名法术之学

到了韩非谈名的时候就比较接近孔子的讲法，就是重视名的政治义。重视概念的解释、逻辑的分析，这是名家的想法，一部分是荀子的讲法，即讨论概念、逻辑、知识的问题。

但是韩非已无暇讨论知识的问题，敌国已经兵临城下，白马非马能解决危机吗？韩非的名一定跟刑加在一起，就表示名这个概念是一个政治的概念、法律的概念。法家非常厌恶名家讲一些似是而非、不知所云的概念游戏，至于老子和"道可道，非常道。名可名，非常名"，它是一个形而上学的命题，虚无缥缈无法验证，形而上学能处理国富兵强的问题吗？不可能嘛！不可能就没有用，对国家无益，法家不需要。真正跟韩非谈名比较接近的，其实是孔子，也就是儒家，所以儒家跟法家的关系很难把它完全一刀切开。从某个角度来看，儒家跟法家都重视外王政治的问题，那名家有什么治国之道吗？没有嘛！所以法家需要花很大的力气去批评名家吗？没必要嘛！最多你不要来干扰法令就好了。但是儒家不是，因为儒家试图证明自己的想法可以取代法家，而法家也想要用自己的一套取代儒家，所以他们两家的辩论非常激烈，因为他们有共同的关怀，却采用了不同的方法。韩非的名一定要跟刑连在一起，叫作刑名法术之学，刑名其实就是法的概念，一定要让法统一起来，所以在《定法》里面，韩非就批评了申不害：

> 申不害，韩昭侯之佐也。韩者，晋之别国也。晋之故法未息，而韩之新法又生；先君之令未收，而后君之令又下。申不害不擅其法，不一其宪令，则奸多。故利在故法前令则道之，利在新法后令则道之，利在故新相反，前后相悖。则申不害虽十使昭侯用术，而奸臣犹有所谲其辞矣。

故托万乘之劲韩，七十年而不至于霸王者，虽用术于上，法不勤饰于官之患也。

——《韩非子·定法》

　　申不害虽然让韩国很强大，但是没办法长久，就是因为法律没有统一，所以就不能持久、不能永续。韩非认为申不害的重术论，有两个盲点。第一，申不害虽然重术，但是他没有把法令统一，君王虽然用术去观察臣子有没有守法，但是因为你的法律不一致，所以臣子只会守对自己有利的法。这就是申不害不擅其法，没有把宪令法制真正地贯彻与统一，前后的法不一致，所以导致奸多。臣下可以投机取巧，依以前的法律对我有利，我就依据以前的法律；若对我有利的是现在的法律，我就依据现在的法律。法怎么可以有两套三套呢？这当然不对了。这是韩非对申不害最根本的批评，申不害没有把法真正地统一起来，所以无法实现有效管理。

　　第二个批评是，就算申不害把法掌握了，但是韩非认为申不害对于术的了解也有问题：

　　　昔者韩昭侯醉而寝，典冠者见君之寒也，故加衣于君之上。觉寝而说，问左右曰："谁加衣者？"左右对曰："典冠。"君因兼罪典衣与典冠。其罪典衣，以为失其事也；其罪典冠，以为越其职也。

——《韩非子·二柄》

这就是有名的例子"典衣跟典冠"。韩昭侯睡着了，醒来后发现有人帮他加盖了衣服，很高兴地问，这个衣服是谁加的，然后左右都说这是典冠加的。君王旁边有两个臣子，一个是帮他加衣的典衣，一个是帮他正冠的典冠，典衣要帮君王加衣服居然没有加，是典冠帮他加的。韩昭侯对两个人都予以处罚，他的理由是，典衣该做而没做是失职，典冠做其不该做是越权。罚失职我们觉得理所当然，但是罚典冠越权总觉得有些不妥，毕竟典冠帮你加上了衣服，他也弥补了一些问题跟疏忽，不是吗？所以如果你罚典冠之后，以后你冻死了也没有人理你。如果严格要求臣子不越权的话，那你旁边的人就跟死人一样，你不叫我动我就不动，所有人都是被动而不会是主动的，那你旁边的人对你的帮助，就变得极为有限了。

在这种情况下，君势反而被压缩，所以臣子不能越权，但是也有不言之责。臣子必须成为君王的耳目，随时告发其他人的不法，也提醒君王可能的错误或危险，这才是术的积极使用。这就是韩非对于申不害的两个重要的批评，既没有一个统一的法，也没有积极的术。

> 夫物者有所宜，材者有所施，各处其宜，故上下无为。
> 使鸡司夜，令狸执鼠，皆用其能，上乃无事。
>
> ——《韩非子·扬权》

韩非这一段文字，就是他无为而治的理想，一切各安其位，各尽其职，各成其事。但是各安其位要靠什么安呢？靠法律，而且法律能够统一就不会有冲突，这就是法的统一性。从白马非马的名家一直到韩非对于法的统一性，说明以法正名，正是韩非思想的重要主张，由此而能支持法家无为而治的理想与目标。

# 第二十三讲　藏镜人的智慧

在这一讲，我们正式开始讨论韩非术的概念，其实韩非所面对的最大挑战不在于势，也不在于法，而在于术。《韩非子》中，大多的篇幅都在谈术，他对术是最放心不下的。韩非是法家，法家是要管理国家的，那么我们就先了解一下管理的概念。

## 一、管理既是科学，又是艺术

我们翻开管理的书，其中对管理学的定义是，管理学既是一门科学（science），而且是一门艺术（art），所以管理学院在大学里的定位就非常特别。管理学绝对不会只是大数据的分析而已，这只是技术的层次。虽然每个公司都可以做大数据分析，但是每个大公司的管理有强有弱，经营有盛有衰，这就表示管理不只是一个科学或者技术层面的问题，其中还牵扯到人的问题。在管理学上要重视客观的结构跟分析，但是对于这个客观结构分析的结果进行解读、运用，甚至一种创造的时候，就要靠主观的艺术心灵发挥创意了。所以很多大公司会要求主管必须休假，其实就是让他从已经习惯的机械化、重复性的生活节奏里面暂时出离，这样他才有机会重新检视自己，才有机会看到自己可能存在的盲点跟限制。这个时候主管思想的深度与层次就会变得比较高，能从技术的层面到达艺术的层面，这才是完善的管理。

我们前面讲到势也好，法也好，即管理学所说的科学部分，是比较客观的。但是现在韩非碰到了一个大问题，就是术的问题，一个主观修养的问题。所谓大匠不能授予人巧，就是这个意思，这种艺术性的东西就很难传授，韩非就是要时时地来提醒我们这一点。韩非从势到法到术，其实就是从管理科学的客观结构掌握，逐步到达一种艺术的境界，到达艺术境界的时候，主观修养的问题就出来了。我们前面提到过马斯洛的需求层级理论，在西方不太像东方这么重视所谓的修养，但是法家还是非常重视修养的。法家的修养不是为了修养而修养，不是为了求道德而修养，如儒家；不是为了形上之道而修养，如道家；他的修养是为了要去治国、行法、安民。孟子功夫修养论的重点在知言养气、存养扩充，去当圣人；道家的重点在于致虚守静，逍遥自在；佛教强调转识成智，烦恼即菩提、成佛解脱。法家则虚壹而静，术不欲见，一心在治国。这就是各家思想不同之处，但是他们都提倡修养论，重视主观的修养与艺术心灵的提升。所以我们一开始先从管理学是一门科学，又是一门艺术的角度，来了解韩非的法、术、势三者的地位与它们的差别。


## 二、镜执清而无事

从这个角度来看，我们就可以知道韩非为什么会对术讲这么多，其实最麻烦而且最不容易掌握的就是术。韩非说："故镜执清而无事，美恶从而比焉。"（《韩非子·饰邪》）人心如镜静，镜清而后能照物之美恶，心定而后能别是非善恶，洞察事物之几微。而人心之定就是一种修养功夫所完成的境界，君王更要善于以虚静修养其心，如此才能充分掌握国家之一切。所以镜子一定要清，君王的心一定要无偏无执，才能冷静客观地掌握一切事物。对韩非而言，所谓掌握，就是让这些事情进入我们的法，进入我们的结构，一切循名责实，君王就可以无为而治。故"镜执清而无事"，所以我们说佚而有功，无事泰然而坐，就可以让所有事物各安其位，这就是韩非无为而治的境界。

这种境界与魏晋名士的潇洒风流，也有异曲同工之妙。

> 诸葛武侯与司马懿治军渭滨，克日夜战。司马懿戎服莅事，使人视武侯独乘素车，纶巾羽扇，指挥三军，随其

进止。司马懿叹曰："诸葛君可谓名士矣！"

——《夜航船·卷十兵刑部·军旅》

司马懿跟诸葛亮对阵关中，势均力敌。司马懿看诸葛亮显儒将之相，独乘素舆，羽扇纶巾，自由穿梭在军营之中，三军进退井然，军容可谓壮矣。司马懿不禁叹曰：诸葛君真名士也！说诸葛亮是一位名士，意思就是说诸葛亮做什么像什么，他既可以高卧隆中，在后方运筹帷幄，也能当宰相大开文治，还可以带兵直接上阵成其武功，不拘一格而风流洒脱，真所谓君子不器！所谓名士，不是限制在只能做这件事情，或者只能做那件事情，而是什么都能做，而且做什么都是一流的。他不为任何形式所局限，而能表现一切形式之美，此乃君子不器之最佳写照。英雄相惜，司马懿对诸葛亮可说是极为赞赏的。当司马懿问蜀国的使者，你们家的丞相最近如何呢？使者说：我家丞相事必躬亲。司马懿心里就暗喜，诸葛亮如此下去必撑不久，我以逸待劳自可平蜀。所以佚是很重要的，不能让自己太过于劳累，作为一个领导者一定要能够了解这一点。

所以镜执清而无事，因此美恶从而比焉。镜子没有任何的成见，也没有任何负担，是什么就一清二楚地映照什么，所以我们的心就要像镜子一样。不但镜子如此，权与衡也是没有偏见的，所以衡执正就没有主观好恶的扭曲，我们就可以客观地确定轻重缓急，按部就班，举重若轻，又何必事必躬亲？镜子、度量衡，这两种东西都没有自己的主观好恶，我们的心中公正平和如此，才能衡量轻重，也就可以客观掌握一切的事物，这就是韩非思想中最核心的部分。所以韩非归本于黄老是有道理的，从术这个角度来看的确是如此，只有无为才能让这一切各安其位。


## 三、法家的治国智慧

在这里我要提醒各位，我们人生最大的问题就是看得破，忍不过。我们都知道要孝顺父母，但是很惭愧，我们所给父母的远远少于父母给我们的。我们都知道时间管理，可是我们每天忙得昏天暗地，这就是看得破，忍不过！了解了、掌握了、看破了，这叫作智；忍不忍得过是实践的问题，是人的修养问题，也就是你有没有办法坚持、落实的问题，这叫作仁。王阳明讲的"知行合一"，就是智与仁的合一，良知与道德实践的合一，看得破还要能忍得过，才能守住正道。这就不是知识的问题了，而是一个实践的问题、修养的问题，所以如果我们真正能够看得破、忍得过，就可以无为自在地治理大国，这是一个很重要的智慧。

韩非的论"术"，大方向就是执镜跟执衡，镜跟衡都是用来形容我们的心，我们的心要像镜子、像权衡一样，才能客观冷静地面对真实的世界，而不是迷失在自己想象的世界里，因为我们要面对的世界，不是我们想象的世界，而是客观真实的世界。《老子·第十六章》有"致虚极，守静笃"之说，而荀子更详细展开，有"虚壹而静"之论：

> 人何以知道？曰：心。心何以知？曰：虚壹而静。心未尝不臧也，然而有所谓虚；心未尝不两也，然而有所谓壹；心未尝不动也，然而有所谓静。人生而有知，知而有志；志也者，臧也；然而有所谓虚，不以所已臧害所将受谓之虚。
>
> ——《荀子·解蔽》

镜与衡的共同特点就是无我、无执，也就是虚静，按照荀子的讲法，虚就是不以所已臧害所将受。例如我念哲学，这叫作我所臧，是我已经有的，但是我们不要以所臧害所将受，不要因为我们是学哲学的，所以我们就把哲学之外的东西完全加以排除。如果我们能虚，学问才会越来越丰富。《金刚经》："应无所住而生其心"，如果我们停在某个地方，就住了、就僵化了、固定了，那么生命就失去弹性与活泼性，这是我们心的一种毛病。在中国传统里面，用镜子比喻心的例子有很多，庄子说：

> 至人之用心若镜，不将不迎，应而不藏，故能胜物而不伤。
>
> ——《庄子·应帝王》

至人就是做人的最高境界，我们怎么了解至人呢？就从至人的心去了解。至人的心像什么呢？像一面镜子一样，此所谓至人用心若镜。因为镜子是虚的，所以用心若镜的至人对万事万物也是一种如镜般的无我无执，他既不会送你，也不会迎你，就是不将不迎；应而不藏，你来了我就应你，你走了，我也不会把你藏住，一切自在。因为是这个样子，所以我们才能胜物而不伤，胜是胜任的意思，我们才能自在地安顿万物而不会受伤。人在江湖身不由己，我们每天在社会里面打滚，各种事情都必须处理，大伤小伤难免。但是至人之用心若镜，不将不迎，应而不藏，就算受挫，也不会把伤痛永远放在心上，这时候才会有新的动力与勇气开创新的局面。

庄子讲这一段话的目的是要去求道，我们有了道就可以在人间逍遥自在，应物而无伤。那如果这段话用在法家，就是要君王能像至人之用心若镜一般，才能治大国若烹小鲜而不受伤。世间诸事虽然千头万绪，但是我心静若止水，泰然自若，何急之有？本来我们在每个当下就只能做一件事情，又何必将千钧之担压在心头呢？你这不是自我虐待吗？老子凭什么说治大国若烹小鲜，无为而无不为？韩非凭什么说佚而有功？我们凭什么说举重若轻？其实是因为我们每次只举一个，我没有让你一次把所有东西举完啊！因为我们每一次只做一件事情，压力自然就会被我们释放于无形之间，这就是将道家智慧运用在法家的治国之道上面的表现。

# 第二十四讲　大人物为什么总是神秘兮兮

这一讲再给大家讲几个故事，说明一下术这个概念的神秘性。

## 一、术的隐秘性

我想各位都一定看过中国的一些戏曲、小说，也包含了武侠小说。我从小就觉得古典戏曲很奇怪，后来在读了哲学之后，才能深切地了解其中的趣味与意义。我举两个例子，第一个是武侠小说。《小李飞刀》其中有兵器排行榜，天机老人排第一，子母双环排第二，第三个就是李探花，小李飞刀例无虚发。小说里面某人跟小李飞刀对阵，小李飞刀使出绝招重创对手，这个时候对手就问道：这就是传说中的小李飞刀吗？确认是这一招后，那个人就死了。怎么这么俗？每个人都要问：就是这一招吗？原来，侠客对决，死在对方的绝招之下，是死而无憾的，这就是孔子说的"朝闻道，夕死可矣"！我觉得这样解才有趣，要不然解不通。所以，侠士对决，赢的人没有什么喜，证道而已，败的人也没什么哀，我学到了，这叫作"朝闻道，夕死可矣"。所以，如果我们不了解中国传统文化，可能连武侠小说都看不懂，你都不晓得他们在干吗，这个很有趣。

第二个例子，回到戏曲里面。大人出巡前面一定有报马仔，有些阵仗。然后咚咚打锣，要百姓回避、肃静，不准抬头乱看，所以我们总认为官威十足、非常神秘。为什么要这样子？这个就可以解释韩非所说的术的隐秘性。切记！当你当了领导之后，一定要善待你的秘书。秘书非常重要，他是主管的化妆师，也是某一种意义上的导播，因为主管的行程都是秘书在帮忙安排的。当我们要去见高阶主管的时候，秘书会说请坐，然后奉茶通报。在秘书向主管报告的这段时间，主管就可以慢慢地调整自己，所以，他出来的时候一定是相对的最佳状态。这很重要，你不能让人随便看到你，随便看到你就没有权威性，就不神秘。所以要秘，秘了才神、神了才威，神秘、神威、威神而不可测，都是一个意思，这是领导者必备之术。

## 二、神秘可免受他人控制

为什么要秘呢？因为你当了领导的时候就拥有权力，属下的名誉、利害，都操控在你的手上，所以属下当然要对你好。因为你是他的主管，他有求于你，所以属下对你好，不一定是真的对你好，而可能只是对他的长官好。属下一定得对他的长官好，今天你恰好当了他的长官，所以他就对你好，明天换了别的长官，他就会对别的长官好，这不是很正常吗？长官、部属之间不就是这样一种现实的职务关系吗？属下为自身利益当然会讨好长官，如果长官轻易暴露自己的好恶，就会被属下掌握而容易遭到蒙蔽，甚至被属下控制。所以长官为什么要神，为什么要秘，道理很简单，就是不要让别人看见你的好恶，以避免被他人控制。所以我们常说喜怒不形于色，理由其实就在这里。

另外，因为看不到主管的好恶，所以属下就无从下手讨好主管，就只有专心把事情做好。如此，主管当然就会根据法规给予奖赏，所以作为属下只要好好干就行了，不需要再去揣摩长官的好恶。一切依法行事，长官属下皆可相安无事。所以长官一定要做到这一点，像一面镜子一样，不会被他人所蒙蔽，这是消极面。积极面是使每个人各安其位，不为业务外的好恶、人情干扰，进而提升工作效率与个人成就。君王用人是为了用你的才，所以当然是先重你的才，而不是重你跟君王的个人关系。个人关系是朋友，这是另外一个层面，我们现在是进行业务上的往来，这就是循名责实。君王一定要虚静，这样既不会被别人所掌握，也不会失去正确的判断。因为你有正确的判断，所以属下就会遵循正常的渠道来争取他的利益，此时整个制度组织，完全能够客观地运行，而不会是一种主观的操纵，这个时候我们就可以一劳永逸，永续经营。

为什么主管总是有点神秘兮兮的，一方面他真的是很忙，你见不到他，他也没时间见你；另外就是他也不希望你太了解他，太了解他之后，每一个人都投其所好，对他来说也是一个困扰。所以当主管的时候，术的神秘性就是要保证自己不见光，所以有个"见光死哲学"，不能见光，意味着不能被他人所掌握。

## 三、神秘可保护法的客观性

韩非有一句很有名的话："法莫如显，而术不欲见。"（《韩非了·难三》）这个"见"其实就是"现"的意思，就是让人看到。法莫若显，就是我们所有法律，都要能够清清楚楚、透明公开，要让每个人都知道。人民连法都不知道，你要他怎么守法？他没有法可以依循。所以，郑子产锻铸刑鼎，就把刑正式地公布出来，很清楚地告诉你法就是这样子，让大家有所依循。术不欲见，术就必须要维持一种隐秘性，这种隐秘性是为了避免别人通过了解你的个性来控制你，以免破坏法的客观性。所以法莫若显，而术不欲见。韩非子举了《老子》之说为证。

鱼不可脱于渊，国之利器不可以示人。

——《老子·第三十六章》

鱼不可脱于渊，君王一定要有势。就像鱼一定要在渊里面，所以鱼不可离于渊，君不可离其势。国之利器，不可以示人，就是术不欲见，术是不能被别人所掌握跟知道的，否则我们就会被别人所控制。所以韩非说：

> 明主，其务在周密。是以喜见则德偿，怒见则威分。
>
> ——《韩非子·八经》

周密的意思就是说，你不能把好恶写在脸上。因为喜见则德偿，你只要露出你的喜欢，属下就会满足你，借此得到臣子所想要的利益。怒见则威分，你若发怒，属下也会假借你的怒去要求别人，挟天子以令诸侯，所以你的喜怒就会被属下借用。所以君王要像一面镜子一样，不显露好恶，才能避免被蒙蔽、被利用。韩非说：

> 人主欲见，则群臣之情态得其资矣。
>
> ——《韩非子·二柄》

君王的好恶一旦表现出来，群臣也就有了依据来讨好君王了。试看以下的例子：

> 故越王好勇，而民多轻死；楚灵王好细腰，而国中多饿人；齐桓公妒而好内，故竖刁自宫以治内；桓公好味，易牙蒸其子首而进之……
>
> ——《韩非子·二柄》

齐桓公好服紫，一国尽服紫。

——《韩非子·外储说左上》

越王好勇，民多轻死。楚灵王喜欢比较苗条的人，结果全国人都不想吃饭，因为都要让自己更瘦，以满足君王的要求。齐桓公好服紫，全国皆穿紫色；好味，易牙就把自己的儿子蒸给他吃。这就说明君王只要显露好恶，全国就会跟进，这个时候就会形成盲点。

各位想一想"流行"这个概念：流是水，行是动；所以流行是不稳定的，是变化的。你要追逐流行好玩我没有意见，但是你把追流行当成一个正事，可能就会很辛苦；因为你每天所追的流行不断地变化，这很麻烦。从这个角度来说，齐桓公好服紫、好味，楚灵王好细腰，我们现在也喜欢比较瘦的女生，不是吗？我们不就变成楚灵王了吗？如果我们完全跟着流行走，就容易被误导，是很不明智的。

# 第二十五讲　君王的寂寞与孤独

上一讲提到了韩非论术的隐秘性，以及由神秘而带来的神威，以助成其君势之独大。在儒家看来，则是君子不重则不威。以君子的重，就是以他的德行作为标准，威不是靠你的势力去威慑他人，而是你的德行值得人家的肯定跟尊重。

## 一、君王孤独的原因

韩非强调术的隐秘性，其重点有二：第一，避免被人所蒙蔽；第二，冷静地看清和掌握人、事、物。术的隐秘性不仅对君王有效，而且对所有人都是必要的。术其实就是能够让自己客观地观察、掌握对象的一种能力，除了运用在对象管理上，在自我管理、人际关系管理方面，其实都可以用得到。术是治国的必要条件，但不是充分条件，因此，我们看到韩非对商鞅的批评，就是讨论法的问题：

> 商君之法曰："斩一首者爵一级，欲为官者为五十石之官；斩二首者爵二级，欲为官者为百石之官。"官爵之迁与斩首之功相称也。今有法曰：'斩首者令为医、匠。'则屋不成而病不已。夫匠者，手巧也；而医者，齐药也；而以斩首之功为之，则不当其能。今治官者，智能也；今斩首者，勇力之所加也。以勇力之所加而治智能之官，是以斩首之功为医、匠也。
>
> ——《韩非子·定法》

商鞅的法以斩首为功，换言之，你掠杀多少敌人的人头，我就给你多少奖赏，你的功勋一定是跟你的成果成正比。所以当你的官位越大，就表示你的战功越高，你的地位就越高。商君之法表面看起来好像能成立，不过韩非觉得这里也有问题，问题在哪里？打胜仗就有战功，战功是靠体力、靠生命力就可以破敌。但是治理国家，除了军队保卫国家之外，我们还得治理内政，治理内政不是靠肌肉的强健、体力的丰沛，而是靠智力的卓越。

现在问题出来了，如果商鞅的法，定在以斩首为功作为标准的时候，你可以找到体力好的人，但是你可能找不到智力好的人。智力好的人不一定能砍得到敌人的头，可是他可以帮你治国。军功是面对外，治理是面对内，所以韩非批评商鞅未尽于法。你的法不能只是这样规范，对国家的贡献有很多种，不仅限于战功。农业生产、国家治理都是贡献，必须兼顾这些贡献，我们的法才具有周延性。现在，如果我们把商鞅的法改好了，不只是以斩首为功，只要对国家发展壮大有贡献，我就赏你。那么不管是有体力的、有智力的我都能够掌握，把法予以修正，这样是不是就够了呢？当然不够！不够的理由就在于你虽然有法，可是你没有术。

> 公孙鞅之治秦也，设告相坐而责其实，连什伍而同其罪，赏厚而信，刑重而必。是以其民用力劳而不休，逐敌危而不却，故其国富而兵强。然而无术以知奸，则以其富强也资人臣而已矣。
>
> ——《韩非子·定法》

韩非说：为什么国家的整体利益最终被少数臣子垄断了呢？这是因为君王无术以知奸。虽然每个人都守法，君王却无术以知奸，你没有充分的术来判断臣子是否真的有贡献，光用法是没有办法彻底掌握臣子的。所以我们常常说"上有政策，下有对策"，只要是法，就可能存在模糊地带，臣子就钻漏洞。钻法律漏洞要靠什么来遏止？这就不能单纯靠法律，还要靠术把他逮出来。由此可知，韩非对于商鞅法治派的基本批评有两点：第一点，就是商鞅只是从人的体力、战功来评断一个人的价值，这未免太单薄了。你应该从他的生产力的表现，给他一个综合的评价。第二个批评就是说，就算商鞅把法修正了，也可以把体力智力兼顾了，这还是不够，因为你还要有术，才能让臣子确实依循法律做事。因为商鞅无术以知奸，这就是为什么秦国虽然治理得这么强，可是还没有能够统一天下的原因。至于术的原则，就是虚静。

> 故曰："去好去恶，群臣见素。"群臣见素，则大君不蔽矣。
>
> ——《韩非子·二柄》

我们要做到去好去恶，则群臣见素。当君王能够把自己的好恶去掉，就像一面镜子一样，镜子没有好恶，这个时候，群臣的真实面貌就无法隐藏而一一显现了。可是对君王而言，要像一面镜子，毫无好恶，这太难了，简直是一个不可能达成的目标嘛！谁没有一点儿兴趣呢？谁没有一点儿癖好呢？一定有嘛！但是你当一个君王就不能表现个人的好恶，所以你要有无限的忍功，在别人面前要能忍住，喜怒不形于色，你喜欢什么都不能说，这真是非常辛苦。所以老子说："人之所恶，唯孤、寡、不谷，而王公以为称。""寡人"可不是随便叫的，真的很孤单。

## 二、无法言说的君王孤独

云母屏风烛影深，
长河渐落晓星沉。

嫦娥应悔偷灵药，

碧海青天夜夜心。

——李商隐《嫦娥》

你以为做总经理很舒服吗？我不知道，但是我觉得总经理所处的位置很像是一个广寒宫吧！因为你要隐秘不是吗？既要隐秘，你就要跟所有人保持一定的距离。当你跟所有人保持距离之后，你不是非常寂寞吗？我只是告诉你，如果要做到韩非心目中那种理想的领导者，还真是不容易呀！各位可以试试看，真的很难！例如你当校长，所有人找你都是要钱、要人、要空间，向你抱怨经费不够、人力不足、空间不足，就这三样，其他事情也不会找你。你要帮他处理的也就是这三样，给他充分的资源让他去发展。这个时候你不能有自己，完全要以大局为重，在这个时候你就会知道，当个校长其实是不容易的。

君王必须要有容乃大，不露好恶。高处不胜寒，山顶能容纳的人不多，所以君王必须要能忍受那种寂寞、那种孤单，不然的话你撑不住。一旦你因为撑不住而发泄情绪，那你的弱点就呈现出来了。这就是为什么历代的君王总有一些癖好，我们上次讲楚灵王好细腰，还有齐宣王告诉孟子："寡人有疾，寡人好货，寡人好色。"为什么会有这些爱好？我告诉你，因为人的情感总得有一个出路！我们以前读历史，总觉得这些君王怎么那么无聊，这么差劲，这么荒诞，其实现在想来都有道理。因为君王的个人好恶必须被隐藏，甚至很多时候是被剥夺掉的，而作为君王被剥夺掉的这些人的主观情感，他必须在其他地方发泄。

关于这个问题，韩非已经很清楚地掌握了。韩非不是说中主就可以治国了吗？中主抱法处势则治，背法去势则乱。好像中主就可以做到。我们读到这里再请教各位，你觉得中主做得到吗？很难吧！中主能忍受那种寂寞跟孤独，并维持那种形象吗？太辛苦了！太困难了啊！所以，我们也不要太羡慕那些身居高位的人，当然，他们有我们体会不到的幸福，但是我们也有他们享受不到的快乐。试想今天我们是小人物，一起去吃饭不是很快乐吗？我们去地摊也可以呀！然后在那里来点儿小酒，炒几个菜，欢聚一堂，也不用担心旁边有记者，会注意你这个姿态好不好看！此时来了一只狗，或来了一只猫，庄子说天地与我并生，万物与我为一。独乐乐，不如众乐乐，我怎么可以自己享受呢？亲亲、仁民、爱物不是儒家的教诲吗？来！夹一筷子食物丢过去，那个狗一接，啊！人狗皆欢，天地同乐。这种享受可不是在大饭店就能享受得到的，大饭店旁边怎么可能会有一只野狗跑出来呢？你也不可能丢一个东西给狗吃，你也不可能大声吃东西，你总得温柔敦厚一下吧！所以你看，我们的领导不都是温柔敦厚吗？不都是温文尔雅吗？所以说，君王有百姓享受不到的权力，百姓也有君王享受不到的幸福跟快乐，我没有说谁好谁坏，这是很公平的，每个人都有他的得失。

我只是提醒说，要当一位胜任、称职的领袖，真的是很不容易的。所以"嫦娥应悔偷灵药，碧海青天夜夜心"，这不是一句假话，这是君王将相的心灵写真！

千山鸟飞绝，

万径人踪灭。

孤舟蓑笠翁，

独钓寒江雪。

——柳宗元《江雪》

你要当这位主角吗？你要当蓑笠翁吗？还是要跟我去吃地摊、逛夜市，大家一起去聚餐呢？你看，我们的董事长就是在千山鸟飞绝、万径人踪灭的地方独钓寒江雪，非我辈英雄豪杰，孰能安处之？试观曹操之煮酒论英雄，其谓刘备曰："今天下英雄，惟使君与操耳！"天下只有我们两个人才能享受这种高峰经验。但是你要知道，独钓寒江雪是很辛苦、很孤独的，天下只有两个人，能不寂寞吗？

### 三、突破情感的空虚

所以儒家要再问柳宗元一句，阁下钓完寒江雪之后，接下来会如何呢？接下来有趣了。如果是儒家，钓完之后，一定亲亲、仁民、爱物，己欲立而立人，己欲达而达人，这是儒家。然后庄子呢？就跟你一同逍遥于无何有之乡，广漠之野，如李白《将进酒》之"与尔同销万古愁"，这就是道家。墨家一定马上拿出来跟你共享，你一口我一口，兼相爱，交相利。法家呢？更有趣了，法家自己用，术不欲见不是吗？我们从《江雪》一诗可以想象一下儒、道、墨、法四家的态度与理想，所以说读古典诗词，其实有时细想一下还真蛮有趣的，我们也可以从非文学的角度去体会一下。

总之，一个领导掌握资源要进行分配，在这种情况下就影响了非常多的人，所以领导要像镜子一样的公正，这个时候才能物各付物、各安其位，你才可以无为而无不为。但我还要提醒各位，这样的修养很不容易，所以我们应该要有鸿鹄之志，有大志才有大智慧、大气力，才能突破情感的空虚，任何成就都是要付出努力与汗水的。

扫一扫
进入课程

# 第二十六讲 《韩非子》的寓言世界

## 一、讲故事的高手

这一讲要进入韩非的寓言世界。这个角度非常特别,因为我们都知道,法家看起来非常严肃,但事实上法家也有轻松的一面。韩非了解作为一个君王其实也蛮辛苦的,所以有的时候劝谏君王,不一定一直正面地说,也可以用比较轻松的方式,让君王很愉快轻松地来了解治国之道,这是韩非协助君王的一种方式。

如今我们已进入所谓大数据时代了,这是 21 世纪的主流趋势。通过人工智能、大数据,我们整个生活的风貌必然大幅度地改变。《韩非子》中就搜集了大量的历史材料,这些材料集中在《说林》《内储说》《外储说》及"难"篇等篇里，其中有大量的故事。我们先看看韩非为什么要用故事来说道理？中国传统里用故事讲道理的高手很多，第一个我们就会想到孟子。孟子非常会说故事、善于用譬喻，譬如五十步笑百步、缘木求鱼、挟泰山以超北海等，这些故事大家都耳熟能详。他们都明白在劝谏君王的时候，不能纯粹用理论来说，因为理论太抽象了。作为老师，我们在教导学生的时候，也要用非常多的例子、图片、影片，来帮助学生了解，因为它们比较具体。另外，庄子也非常会说故事，《天下篇》就说：

> 以卮言为曼衍，以重言为真，以寓言为广。
>
> ——《庄子·天下》

庄子有三种演说方式，其中有一种就是用寓言的方式。《逍遥游》一开始就是一个非常有名的寓言：

> 北冥有鱼，其名为鲲。鲲之大，不知其几千里也。化而为鸟，其名为鹏。鹏之背，不知其几千里也；怒而飞，其翼若垂天之云。
>
> ——《庄子·逍遥游》

除了儒家的孟子、道家的庄子之外，法家最会说故事的就是韩非。韩非说故事的能力非常强，文采更是一流。寓言故事本身就是一种文学作品，从寓言来看，《韩非子》一书就具有很高的文学价值，它本身就可以当成一个文学作品来欣赏。一般人总认为法家多少有点儿严肃，甚至有点儿沉重，其实它其中也有丰富的美的涵养。读《韩非子》也可以读到美学，这也许是各位始料未及的。《韩非子》中的寓言很多来自于历史故事，其实已经不完全是寓言，他把历史上君臣之间关系的一些案例加以集中，以便向君王陈述。所以某些史学的内容，也可以从韩非的这些叙述里面得到一些佐证。因此我们从《韩非子》中读到文学、美学，也读到了史学，当然更读到了哲学、读到了治国之道。

## 二、善于讲故事的《论语》

我们再回头看中国重要的经典《论语》。《论语》不只是儒家的经典，它也是中国传统文化的经典，甚至应该是人类文化的经典。因为《论语》并不是针对中国人说的，而是对人说的，因此它的智慧具有普遍性。当然，孔子的时代环境跟背景，是中国先秦的环境跟背景，但是，在这一个环境背景之下所孕育出来的智慧，其实并不仅仅适用于当时的中国，而应该是可以适用于我们现在，甚至未来。之所以如此，是因为孔子所掌握的不是一种暂时的现象，他所掌握的是我们人性中的一种永恒性的价值跟真理。试想，"己欲立而立人，己欲达而达人"；"己所不欲，勿施于人"。这样的智慧谁能反对呢？从这个角度来看《论语》的地位就极为重要。但是方东美教授对于《论语》

有一些批评，这个批评是这样子，他说你看，《论语》它是什么样的体裁呢？它是一个对话体，它是一个语录体，是孔子跟弟子间的问学记录。"子曰：'盍各言尔志？'"于是大家就讨论起来了。颜渊问仁，仲弓问仁，然后弟子问孝、问礼，所以这是师生间的一种对话，是语录体、对话体。如果我们从知识的角度、理论的角度、系统的角度来看《论语》的对话，就会觉得不太过瘾。对话不显示系统相，孔子也没有说我的前提是什么，我的结论是什么，我的推论是什么，没有告诉我们一步一步如何过来。不像韩非，也不像荀子那样子清楚明快。《论语》就是一句话便把意思表达出来，一个对话就完成了。所以方东美教授就觉得《论语》不显示理论，也不显示知识，因此，《论语》的知识性、理论性价值就不是这么高。从一个理论性的意义、系统性的意义来批评《论语》，说《论语》的理论性、系统性不足，我也能接受。

但《荀子》内容很丰富，一篇一篇也很清楚，立论也很明快，跟《韩非子》不相上下。可我要问的问题是：荀子跟韩非真的是想做一个思想家、一个哲学家吗？还是说他们其实更希望能够实际改变那个时代？这个问题就很清楚了，先秦诸子的关怀是一种知识关怀，还是一种实践的关怀？荀子要写书，不是让我们今天用来写博士论文的，也不是让我们今天用来讲课的，他是要治国平天下的。因此《韩非子》跟《荀子》，就算很具理论性、系统性，它们真正的目的还是要实践，还是要治国。韩非的目的是为了存韩，他不是为了让我们在这边讲课用的，这一点非常清楚。如果这样来看的话，我们就可以发现，中国的学问有一个很重要的特色，就是为了实践。中国的学问核心是生命的学问，是实践之学。所以韩非为了救国，没有第二条路，讲了半天不是要让你去研究、分析、写论文的，而是要让你去实践，去行动的。我讲了半天法家，结果我的国家还是弱的，甚至灭亡了，这个法家又有什么意义呢？对韩非来说没有意义嘛！如果我们了解这一点的话，那么《论语》用语录体就很有意义了，就很有趣味了。也就是说，孔子对于学生的这种对话、这种教诲，他的重点不只在提供知识，而是在提供智能、提供生命的提醒、提供生命的方向与价值，这是孔子真正要提供给学生的。

在《论语》里面叙述颜渊好学：

> 哀公问："弟子孰为好学？"孔子对曰："有颜回者好学，不迁怒，不贰过。不幸短命死矣！今也则亡，未闻好学者也。"
>
> ——《论语·雍也》

那好学的内容是什么呢？好学就是不迁怒、不贰过。奇怪了，你又不了解物理、化学、医学、天文、地理，怎么算是好学呢？原来，孔子认为颜回好学，就是因为他不迁怒，不贰过，所以这个学不是指知识，而是指自我生命的修养与人格的完善。孔子就在每一个不同的时机里面，给出不同的答案，弟子问仁、问孝，他都给出不同的答案，孔子从来不下定义，不像韩非对于法、术、势做了明确的定义。每个人都有自己生命的体会，也都有自己的答案，而这些问题、回答与体会，都是在对话中一一呈现出来，所以《论语》用语录体、对话体来表达才传神！


### 三、用大数据来讲故事的韩非

我年轻时也喜欢读《韩非子》，喜欢读《荀子》，过瘾嘛！理论性强，观念清楚，咄咄逼人，论述非常有锐气。但是年纪稍长，就会发现这些是不够的，最后其实还是要回到《论语》，你才感受到《论语》深刻在哪里，这真的要有一点儿时间和阅历的积累。《论语》用语录体，《六组坛经》也是语录体，佛经也有很多语录体，包括禅宗的一些公案也是如此，《庄子》有很多对话也是语录体。用理论的标准去衡量语录体的经典，那是不相应的，因为经典不是为了提供一套知识、理论和系统，它提供的是实践的方向与人生的智慧。所以，回到韩非这里，他讲故事的目的，也是一种实践的邀请。我跟你说什么叫作富国强兵，讲的是抽象的道理，我现在告诉你这些历史故事，你从这些故事里面体会到的东西就非常的亲切。重点在让你知道道理的运用，并且掌握实践治国之道的方法，这就是韩非要说故事的理由。

身处在 21 世纪，说故事的能力极其重要，当我们在跟别人沟通的时候，说故事的能力是不可或缺的！纵横家之所以能够纵横于国与国之间，不正是因为其高超的说故事能力使然吗？所以，我们从韩非子说故事的过程里面，得到了几点结论：第一，我们得到了美学，你看多好，让你更有气质，更有美学的素养。第二，我们拥有了历史的知识和智能。第三，有人生的体会与智慧，就是哲学的智慧。文、史、哲都被韩非一手抓了，所以读《韩非子》的确是很好的选择。因为说故事文、史、哲兼备，所以说服力就更强，非常适合用来劝谏君王。我们举几个韩非的寓言：

> 子胥出走，边候得之，子胥曰："上索我者，以我有美珠也。今我已亡之矣，我且曰子取吞之。"候因释之。
>
> ——《韩非子·说林上》

伍子胥出关被边候抓到了，伍子胥说，你最好放掉我，国王因我有美珠在身所以捉我。现在美珠已经不在我身上，如果你将我送给国王，我就说美珠被你私吞，国王必然降罪于你。边候一听觉得有道理，于是释放了伍子胥。那这个故事要说明什么？是说臣子往往会利用君臣之间的矛盾关系，来获得他的利益，例如大使出国之后，向他国宣说自己国家的政策、立场如何。其实这并不见得就是那个国君真正的态度，是大使冒充君王的说法，其目的在追求个人的利益，这叫作挟外以自重。

另外一种就是在国内自己有团队、有党羽，成了气候之后，反过来要挟君王。比如说伍子胥、边候与美珠的故事，就是说我身上有非常好的珠宝，你要是告发我，我也告发你，以此威胁对方，君臣之间、臣与臣之间，有可能是这种关系，所以君王不能不知道。

看下一个例子：

> 绍绩昧醉寐而亡其裘，宋君曰："醉足以亡裘乎？"
> 对曰："桀以醉亡天下，而《康诰》曰：'毋彝酒。'彝酒者，
> 常酒也。常酒者，天子失天下，匹夫失其身。"
>
> ——《韩非子·说林上》

喝酒醉了，把上好的皮衣掉了，君王一旦昏庸、昏昧的时候，自然就把国家给亡了，所以君王绝对不可以丧失清醒跟理智。如同我们前面说的，术不欲见，你不能让人家逮到你的问题跟毛病。

再看一个例子：

> 曾从子，善相剑者也。卫君怨吴王，曾从子曰："吴
> 王好剑，臣相剑者也，臣请为吴王相剑，拔而示之，因为
> 君刺之。"卫君曰："子为之是也，非缘义也，为利也。吴
> 强而富，卫弱而贫，子必往，吾恐子为吴王用之于我也。"
> 乃逐之。
>
> ——《韩非子·说林上》

曾从子是一个相剑的高手，卫君跟吴王之间的关系不佳，所以曾从子就跟卫君说，吴王好剑，我是相剑的高手，我可以假借帮他看剑的好坏，趁机刺杀他。但是卫君说，你今天要帮我去

杀吴王，主要是因为有利可图，可是如果吴王给你更大的利益的时候，你可能就会不杀吴王了，甚至你可能背叛我而为吴王所用。故事说明了君臣之间是利害关系，君王不能太信任臣子，而要去衡量彼此的利害。因为如果完全信任臣子，你就会受制于人。

我们可以说，韩非大量说故事的做法，似乎已经进入某一种意义的智库，或者是大数据的想法。他把所有案例收集起来，让你一个一个地看，看多了你就会知道怎么回事。所以韩非很厉害，一方面他跟你说抽象道理，同时他用具体的故事，提醒君王要小心，否则你将无法好好地管理，难以保住自己的国家。总之，读《韩非子》我们会同时得到文学、美学、史学、哲学的启发和享受，同时，我们从他说的故事里面可以了解，韩非其实是有高度智慧的，他已经有类似智库、大数据的这种概念。他把所有信息集中起来，让你依次地、慢慢地从具体的事物去体会实际的运作之道。回头再看孟子、庄子为什么会用一种对话的方式表达，其实也都有很深刻的价值跟意义。我们不必也不应该用现在知识的角度来要求古人，反而应该虚心地体会古人这种特殊的表达模式跟智能。

# 第二十七讲　备内

这一讲讨论韩非非常特殊的一个想法：备内。

## 一、备内及其必要性

《韩非子》中有一篇叫作《备内》，备内是干吗？干吗要备内？简单说"备"就是防备，"内"就是内贼。我们说明枪易躲，暗箭难防。韩非提醒我们，我们一般都会眼睛往外看，往外警戒，可是却常常忘记了身边的危险或威胁，所以，他要求我们对身边的这些人要有所防备，这叫作备内。

备内是必要的，尤其是在你当了君王的时候，更是必要的。为什么呢？我们先看一段文字。韩非说："人主之患在于信人，信人，则制于人。"我们对人是可以相信，其实也不得不信，

《冀中》组画

。鹭身腾飞，鹭作飞人，林中栖

岛山

DAOSHAN

聪明人做事：

要用聪明人思考，要用聪明人思考，

聪明的人会以聪明思考，

中国人聪明智慧聪明人思考聪明。

## 毓老师语录

我们不可守一家之言与一先生之言，但必得由一先生之言；你不明各家之言，就不能成自己和一先生之言。

中国民族文化就在礼上，以礼表现文化。

什么叫"道德"？能行出来的就叫"道德"，不是挂在嘴上。

读书人是明理人，不是故意装着和别人不一样。

人之苦莫大于求不得之苦，"求不得苦"是欲壑难填之苦。

人何以苦恼？因为看法和一般人一样，不能脱俗，老在里转。人真有智慧，就不苦恼。

逢大事，先睡一觉再说；遇小事，立刻处理。

做坏事，还得说人话；越说人话，越坏啊！

有时想不到的人才是救命恩人，所以待人越宽厚越好。

---

## 《毓老师说四书》

据毓老师课堂讲授"四书"之笔记整理而成，包括《毓老师说大学》《毓老师说中庸》《毓老师说论语》《毓老师说孟子》。"四书"《大学》《中庸》《论语》《孟子》，作为儒家学派经典，保存了儒家思想的精华，蕴含了儒家思想的核心内容，是儒学认识论和方法论的重要载体，在中华思想史上产生了深远影响，至今仍不失其深刻的教育意义。毓老师讲解"四书"遵循儒家经学传统，依经解经，一本还原经典的经世致用之旨。作者将"四书"归于儒家修、齐、治、平的价值体系，还原儒家经典的哲学内蕴和思想力量，同时结合自己的亲身感受，使读者清楚了解经典之真义，实用之价值，从而用经典的智慧来指导人生。

---

## 《毓老师说孟子》

据毓老师课堂讲授《孟子》之笔记整理而成。毓老师从儒家经典入手详解孟子学说，带领读者穿透历代评论之迷雾，贯通古今讲述孟子学说，让读者了解孟子学说高明在何处，不足在何处，从而让现代人用辩证的视角看待孟子学说，正确借鉴运用孟子的思想观点去应对人生。

---

## 《毓老师说诗书礼》

据毓老师课堂讲授《诗经》《尚书》《礼记》之笔记整理而成。《诗经》是中国第一部诗歌总集，但是毓老师眼中的《诗经》乃是一部社会学著作，是人性之本初，而政治理论、政绩皆在《尚书》，万物的规则皆在《礼记》。本书中，作者将《诗》《书》《礼》归于儒家修、齐、治、平的价值体系，还原儒家经典的本真力量，厘清经典的深刻教育意义和思想启迪价值，从而启发现代人运用经典的智慧指导人生。

## 爱新觉罗·毓鋆

与溥仪同年出生，六岁开始为末代皇帝伴读

读书一百年，讲学六十四年，授业弟子数万人

被誉为将比钱穆、南怀瑾更有影响力的国学大师

跨世纪最后一位通经大儒

孔子儒学两千五百多年以来的当代集大成者

"龙德而隐"的毓鋆先生，今天走向了我们

清兵用武力占领了全部中原，
孔儒用文化同化了整个满族！

他认为："文化谁高，谁就同化谁。"
他提出："以夏学奥质，寻拯世真文。"

地理上有水土江山，沧海桑田，
历史上有王朝江山，兴亡交替，
只有文化江山，才能
历百世，
越千年，
一统天下。

## "龙德而隐"的 当代大儒

作为跨世纪的最后一位通经大儒，孔子儒学两千五百多年以来的当代集大成者，毓老师不同于同时期的另外两位国学大师钱穆与南怀瑾。

钱穆既承续华夏传统，又吸取现代西方思想，但重于学术研究，毓老师特别强调实学，倡导经世致用，使古代经典与学问焕发了新时代的生命活力。

南怀瑾熟于融会儒释道三教，善于借用佛理与禅学来解读孔儒，毓老师强调学宗孔儒，依经解经，提出"以夏学奥质，寻拯世真文"，以孔儒"圣学"一统天下。

哈赤冰……
后，自……

毓……
开始入官……
叶玉麟等……
经》等经……

《四库全……
书等。

毓老师……
年历经世变……
一直安居斗室……
奇，虽身为清……
学习与传承华……
高，谁就同化……

毓老师于……
改为奉元书院。
《易经》为体，
倡导经世致用，
问焕发新时代的……
世真文"的宏愿。
者"，最终成为跨……

毓老师世寿一……
十四年。他有教无类……
外与各行业，其中西……
誉为中华两千五百多……

文以载道 善以化民

• 精品图书 • 音频视频
• 公益直播 • 线下讲座
期待您的加入~

否则连沟通都不可能，但是你不能过于相信他人。换言之，防人之心不可无。如果我们过于信任他人的话，就会受制于人，这是韩非的重要前提。你会发现，韩非这个讲法其实跟儒家，跟我们传统的讲法，不是直接相悖反了吗？我们不是讲仁、义、理、智、信吗？我们不是讲四维八德吗？孔子不是说民无信不立吗？又说足食、足兵、民信之矣，一直谈信的重要性。《中庸》里面谈诚，我们要诚信治国，这不是理所当然的吗？韩非怎么告诉我们不要相信他人呢？其实韩非的真正意思是：当我们完全地信任别人的时候就受制于人了，他的重点是在这里，而不是说我们真的不能信任他人。只是你要注意到，你一旦信任别人的时候，你付出的代价就是可能会受制于人。所以作为一个君王在治国的时候，就必须要有特别的考虑，因为你的特殊地位、特殊关系，使得你必须要对这个问题有所警惕。因为所有人都会有求于君王，来找你的人大多不是来找君王这个人本身，都是因为你的权力、地位来找你。臣子不是以朋友的身份来的，他是以臣子的身份来的，他只是把你当成一个领导者，对领导者做某种要求，如此而已。

接下来再看，君臣之间的关系为什么要备内？因为臣下不可信，为什么不可信呢？因为君臣异利！君跟臣之间的利害关系不是一致的，这是韩非始终坚持的观念。那你说不会啊？老板跟我是广义的君臣关系，难道我们是异利吗？你老板赚越多，我就赚越多，这不是双赢吗？不是很好吗？你这样讲也没有错，韩非也不反对这个讲法。但是韩非会问你一个问题，请问：你当伙计赚得多，还是当老板赚得多？这就有趣了。韩非认为人性都是趋利而避害的，"产男则相贺，产女则杀之"。连父母子女之间都有一种利益的计较，所以人跟人之间一定是利益关系，这是韩非思想的一个前提。君臣之间你认为他们是可以双赢，但是韩非会跟你说，在追求利益最大化的前提之下，双赢、共赢可能不如一家独大通吃。今天公司赚了一千万，老板拿了五百万，五百万分给员工，你觉得这样是双赢，可是底下的员工可不一定是这么认为。员工认为，老板你可以只拿四百万就好，给我们六百万不是更好吗？你拿三百万，给我们七百万不是更棒吗？老板你不要拿，你做慈善事业，全部都给我不是更棒吗？这就是人最大的困扰！

这个困扰就在于人会追求最大的利益。如果我们只是追求我们自己那一小块利益，那没有什么问题，大家相安无事。可在韩非来看，你只要有，你就会要求更多、最多，乃至无限。所以从这个角度来看，臣子最大的利益不是当你的臣子，臣子最大的利益是当君王，这是韩非的一个基本的假设。臣子最大的利益就是自己当老板，那样才能赚最多。如果我们对于人性，是从韩非的自利的角度来说的话，我们一定追求利益的最大化，因此一定会形成矛盾跟冲突。于是，人就会把他人获得的利益，看作某一种意义上的对自己的掠夺，所以君就会压制臣，臣就会想办法去挖取更多的利益，君臣关系是非常紧张的。

你说不然，我们也有圣君贤相啊！他们不是也很好吗？韩非在《难势》篇已经讲到，圣君贤相这种概率太低了，从历史上看，君臣之间主要的关系就是利害关系。因为君臣之间既没有血缘亲情，也不是友情赞助，臣子就是来拿薪水，君王给你利、给你禄，臣子则提供其才能，君臣关系就是利益的交换而已。

> 人臣之于其君，非有骨肉之亲也，缚于势而不得不事
> 也。故为人臣者，窥觇其君心也，无须臾之休，而人主怠
> 傲处其上，此世所以有劫君弑主也。
>
> ——《韩非子·备内》

因为君臣异利，所以弑君、弑主这是一个必然的趋势，而君王就必须要能够有效压制臣子。像赵高就是明显的例子，秦二世完全被他控制，连李斯也被他害死了。历史上的确发生非常多的案例，从事实上支持了韩非的态度与立场。

## 二、备内的前提

我一直提醒各位，韩非的这种想法是有前提的，你一定要在他的前提下去了解。平常我们总是认为韩非很奇怪，怎么会把人想得这么坏，其实，韩非只是把人想得比较现实，韩非自己并没有那么现实，不然怎么会死在狱中？他早就应该想办法获得自己最大的利益，而他并没有，可见韩非本人不是这样现实的。韩非只是假设说，如果人性都是趋利避害的话，那么我们的政治模式、管理模式就要改变，如果不改变就没有办法管理到这些人，这是韩非思想的基本立场。所以如果你要否定韩

非的想法，一定要先否定他的前提，你才能否定他的结论，韩非的立场其实还是蛮一致的，在逻辑上是成立的。

若以上所论无误，则人主大信其子，大信其妻，这都是最大的问题与危机，然而君王最容易相信的就是这些人。韩非说：

> 为人主而大信其子，则奸臣得乘于子以成其私，故李兑傅赵王而饿主父。为人主而大信其妻，则奸臣得乘于妻以成其私，故优施傅丽姬，杀申生而立奚齐。夫以妻之近与子之亲而犹不可信，则其余无可信者矣。
>
> ——《韩非子·备内》

从历史上来看，胆敢杀君王的人有哪些呢？韩非认为敢杀君王的就是后妃、太子、内侍、大臣，这几种人都敢杀皇帝。为什么？很简单！我们前面讲君王、大臣出巡，百姓一定要肃静回避，不准抬头。君王在大多数人面前都可以很神秘、很神威，但是在上面所列的这几种人面前，这一点很难做到。百姓看君王，觉得君王太厉害、太伟大、太神圣了，可是那些宦官就会觉得什么天子，还不是一样吃饭睡觉，睡午觉搞不好还会流口水的，哪有你想象得那么高贵？所以最能够揭穿君王神秘面纱的，就是他身边的这些人，因为在这些人面前，君王就没有办法再伪装了，你肯定会被他看穿嘛！伺候你穿，伺候你吃，那你生活起居不是被他看完了吗？你觉得他还会特别地尊敬你吗？有可能，如果你真的是圣君贤相，他打从心眼里尊敬你，那也没有话说。但是如果你没有那么完美的话，就会有非常多的缺陷表露出来，这说明韩非为什么要备内。

所以君王大信其子，大信其妻，大信其臣，都是一个危险的征兆。韩非认为你要作为领导者，就必须要注意到这一点，所以一定要备内。第一，信于人就会受制于人，因为人性是自利的，人性不是邪恶的，他只是争取自己最大的利益。第二，明显跟自己有利益冲突的是哪一些人，一般人很容易掌握，但是身边的后妃、王子、内侍、大臣，其利益也是与君王相冲突的，而君王却非常容易疏于防备而受蒙蔽，甚至被杀害。因此，对君王而言，备内尤其重要。韩非说：

> 情非憎人也，利在人之死也。故后妃、夫人、太子之党成而欲君之死也，君不死则势不重。情非憎君也，利在君之死也，故人主不可以不加心于利己死者。
>
> ——《韩非子·备内》

后妃、太子这些人要君王死，并不是对君王这个人有意见，而是你不死，我无法掌权。


## 三、如何备内

人性既是如此，君王又该如何自处呢？

> 是故明王不举不参之事，不食非常之食；远听而近视

以审内外之失，省同异之言以知朋党之分，偶叁伍之验以责陈言之实；执后以应前，按法以治众，众端以参观，士无幸赏，无逾行；杀必当，罪不赦，则奸邪无所容其私。

——《韩非子·备内》

第一，不举不参之事，对于那些没有经过讨论、验证的事情，君王不要只因为那些内侍、大臣跟你说好你就做了，那是很危险的，不要太冲动。第二，不要乱吃东西，不吃非常之食，因为搞不好会把你毒死了，很多君王就是这样子死的。第三，远听近视，以审内外。就是说你不要只听一个人、一组人的意见，你要听各组人的意见，才能避免自己被蒙蔽。然后你要把甲方、乙方、丙方的说法拿出来互相讨论，才不会让臣子互相标榜，形成党争，而要以最后的成效作为取舍的标准。也就是说，不管你黑猫白猫，你得能抓老鼠才是好猫。虽然韩非举了许多案例给君王参考，但是各位要注意到，光是这样说你觉得真的有用吗？问题出来了：其实君王也都知道，看得破，忍不过，这才是我们人生最大的难题。所以韩非又说：

> 昔者弥子瑕有宠于卫君。卫国之法：窃驾君车者罪刖。弥子瑕母病，人间往夜告弥子，弥子矫驾君车以出。君闻而贤之曰："孝哉，为母之故，忘其刖罪。"异日，与君游于果园，食桃而甘，不尽，以其半啖君，君曰："爱我哉，忘其口味，以啖寡人。"及弥子色衰爱弛，得罪于

君，君曰："是固尝矫驾吾车，又尝啖我以余桃。"故弥子
之行未变于初也，而以前之所以见贤而后获罪者，爱憎
之变也。

——《韩非子·说难》

你宠爱一个人就会把他美化；反之，时过境迁你不宠幸他了，
以往被美化的行为，都反过来被丑化。这就是情感对理性的
蒙蔽。

韩非为什么这么强调君王虚静的修养，归根结底，是因为
韩非没有办法驱除掉人性中一个最大的内容，就是情感。我们
一定会有情感，有情感就一定有一些执着，就会有一些放不下
的地方，而这个地方正好就是我们的罩门、弱点之所在。我们
在情感上都会有某一种依托，这种依托就是某一种信赖。这种
信赖，如果你找到好的人也没有什么问题，但是如果你所信非
人，可能就会有非常大的危险，这就是韩非为什么要提醒我们
备内。

当然，各位不要听了韩非之言之后，就对你身边的人采取
不信任的态度，但是，我们一定要对自己的情感与执着，随时
进行深刻的反省。如果各位觉得还太抽象，很简单，你就去想
想隋文帝、隋炀帝跟独孤皇后之间的关系，我们就可以了解了。
很明显，隋文帝其实是被害死的，不是所谓的寿终正寝、自然
死亡的。如果这样来看，隋文帝、隋炀帝早就已经把这个戏码
跟各位演了一遍，所以历史上的这些故事，都可以用来验证韩
非的讲法，是不是有一定的道理和价值，这一点非常值得我们

细细体会。不过，还是要提醒各位，我们的性情还是要厚道，这是我们人生最终的大方向。但是好人如果没有韩非这种警觉与智慧，可能会吃很多亏，这个地方我们自己要做一个平衡，这样才是真正地善读《韩非子》。

# 第二十八讲　管理的层次

## 一、禁心、禁言、禁行

我们在上一讲说明韩非对于备内的一些想法，我们说备内但不一定要惧内。惧内有两个意思：一个是指男人怕太太；另外一个就是对你身边的人保持警觉。你要有术来掌握身边的人，所以叫作备内。在以往的宫廷跟豪门之间因为利益上的冲突，往往会造成一些内部矛盾，为避免这些矛盾的干扰，君王所应该做的一件事情，就是要备内，也就是要保证能有效管理身边的人。所以明主必有其禁奸之法，以防范臣下的蒙蔽、党争、篡夺。这种防范有一个很基本的原则：

是故禁奸之法，太上禁其心，其次禁其言，其次禁其事。

——《韩非子·说疑》

这种基本的原则我们一读就知道，它很像儒家的想法，也很像道家的主张，这是英雄所见略同，只是他们的招数不一样而已。

第一，听到太上你就知道有点儿《老子》的意味，"太上不知有之"，太上的观念不是出来了吗？你稍微读一点儿《老子》就知道，这一定从《老子》过来的。太上就是最高级的君王，他的禁奸之法以"禁其心"为最高原则。禁其心不只是对臣下的行为加以管理，而是在思想、意识、观念上，都能让臣子完全认同君王的意志与想法。观念、意志、思想都已经完全内化了，臣子怎么可能会违背君王呢？所谓"攻心为上，攻城次之"，正是此种意义也。所以高级的智慧不是事后的补救，而是事先的防患于未然，从根本上消除了错误与罪恶的可能性。我们常常听到有一个成语叫作"壮士断腕"，被毒蛇咬到了怎么办？当机立断，弃车保帅，这是一种智慧。我们懂得割舍，才能保住我们的主体。壮士断腕虽然是一种智慧，但它永远只能是第二名，第一名是根本不会被蛇咬。所以与其慧剑斩情丝，不如不要让它缠上身，这不是很简单的道理吗？为什么要等到被咬了你才去断腕呢？所以，太上禁其心才是第一名，意思就是说，让他根本没有那个心，连这个念头都不起来。这个想法很道家，其实也很儒家，儒家不是叫你诚意、正心吗？

诚意、正心所以坏念头都起不来，这就是慎独。虽然我念头起了，可是我用修养压住了，那只是你压住了，并不是没有，这个还不行，你只是伏念还没有断念！如果你有了念头，但是反省一下，不对就把它压下去了，这个境界就是颜渊问仁的境界。颜渊问仁，子曰：克己复礼为仁。看到没有，还得克己，这就表示你还有一种努力，有一种挣扎，有一种勉强。当然，你最后是良知胜利了，克己复礼不是吗？不又回到礼了吗？这个过程你经过了挣扎跟反省，这个阶段我们叫作克己复礼。这已经很好了，这就是君子了。但是孔子是"七十从心所欲不逾矩"，所以孔子如果在路上看到一百万元，根本不会觉得一百万有什么了不起，很自然就交到警察局去了。捡到钱自然就觉得应该这么做，想都不用想，任何其他的念头都不起，这就非常厉害了，境界就非常高了，所以这里有层次高低的区分。此外，曾子也非常了不起，曾子曰："士不可以不弘毅，任重而道远，仁以为己任，不亦重乎？死而后已，不亦远乎？"所以说曾子的生命力极强。但是曾子这样做的时候，还是克己复礼的阶段。颜回就不是，他"一箪食，一瓢饮，居陋巷，人也不堪其忧，回也不改其乐，贤哉回也"。这就是为什么颜回能成为第一名，曾子只是第二名的原因，这很有趣，境界的高下就在其中。所以韩非说太上禁其心，让臣子要去违法、要去犯禁的念头都起不来，这才是管理的最高境界。就是让病毒连产生的机会都没有，彻底帮你去除掉，这是第一步。

如果做不到最高层次的"太上"，就做中间那一步："其次禁其言"。对臣子的言说要能够加以控制。言为心声啊！所以如果大家的心都安定了，当然就不会有这种语言。可如果你抓不住他们的心，至少要先抓住他们的言，对臣子的言论、思想能够加以控制。

第三是禁其事，就是让臣子不敢做。这是三个层次，禁其心，禁其言，然后禁其事。至于实际操作的程序要由低而高，先从简单的下手，所以第一个要能够禁其事，臣子、百姓的行为，要完全合乎国家的法律标准，大家能够依法行事，循规蹈矩。当行为合理了，再管理臣子的言论、思想，让他们的思想言论也跟着能够跟国家立场一致，合乎社会共识。先从行动的一致到言论的一致，再从言论的一致和谐到达心意、意志的和谐，也就是禁其心的阶段了。

## 二、治国的境界

从这三个层次来看君王治国的境界：从太上禁其心，其次禁其言，再来禁其事，这是由上而下的三个层次。可是在实际治国的时候正好要反过来，由下而上，因为你不可能马上就调整臣子的心，所以从他的行为开始先控制，这个最容易掌握。先让百姓能够循规蹈矩，言论合于正道，不能讲一些不合理的话。最后我们的信念、念头要端正，一层一层上去，这是韩非非常重要的禁奸之法。

掌握百姓的心是最高的境界，其次是言说，再次才是行为。若只能管到行为，每个人表面上听你的，但是心里不一定服你，所以要从行为再进入到言说，百姓的想法、说法跟君王是一致的。所以韩非说：

> 故有道之主，远仁义，去智能，服之以法。
>
> ——《韩非·说疑》

这段话很有趣，也引发了很大的争议，因为这段话与儒家重仁义，以及一般人重智能以治国的想法不同。"远仁义，去智能，服之以法"，就是不要让人民每天谈仁义，因为每个人对仁都有一套解释。仁者见仁，智者见智，所以仁义的标准往往是相对的，都不够客观，所以不要讲仁义。也不要讲智能，因为智能从每个人的角度看上去也都不一样，有高有低，都不可靠。最可靠的是什么？法。所以我们要依于法。依于法之后，我们的行动、说法、想法就能达成一致，国家内部就不会互相争论、冲突，这个时候我们才能统一国家的力量，并做最大程度的发挥，这是韩非子的理想。

在韩非的理想国里面，君王的境界是：

> 是以誉广而名威，民治而国安，知用民之法也。
>
> ——《韩非子·说疑》

君王能够誉广而名威，就是要百姓能从遵守国家法规而得到肯定，并且让他觉得是一种荣誉。国家的标准跟民间的标准要一致，所以君王的赏罚跟民间的毁誉也要一致，这样才是一个内部做到了一致性的国家，才能达到民治国安的境界。既然排除了仁义与智能，那治国的具体内容与做法又是什么呢？韩非说：

> 故明主之国，无书简之文，以法为教；无先王之语，以吏为师；无私剑之捍，以斩首为勇。
>
> ——《韩非子·五蠹》

以法为教，以吏为师，就是要统一言论与思想，所谓禁其心，禁其言，然后循名责实以禁其事。

## 三、治国的成败

老子说君王治国的成败有四个层次："太上，不知有之；其次，亲而誉之；其次，畏之；其次，侮之。"（《老子·第十七章》）最好的皇帝如同太上禁其心，老百姓在心上就服你，完全服从君王的领导，也就不觉得君王的存在，一切理所当然。所以"太上，不知有之"，意思就是说，真正的领导者就像阳光和空气一样，你不会感觉到它的存在，但事实上他又是很重要的。所以老子才说"功成事遂，百姓皆为我自然"。事实上，你是一个非常重要的领导者，是因为有你的存在，百姓才得以自由自在，安居乐业。但是因为你太厉害了，完全不着痕迹，百姓都认为自己原来就是这样子，不是君王教我的。这就是最高明的统治，也就是最好的君王，不是我给你东西，而是我能够让你自己成为自己，这是"太上，不知有之"。所以各位，当我们不知道有空气的存在，才是空气最好的时候，空气、阳光都很好的时候，我们就不会意识到它们的存在。一定是有雾霾了，阳光被遮蔽了，才发觉空气、阳光的存在。所以当你不觉得你有身体的时候，就是你身体最好的时候。你站久了，腿累了你就知道你有腿了，你感冒就知道你有头了，你胃痛就知道你有胃了，所以最好都不要知道，才是最好的时候，No news is good news，这就是"太上，不知有之"。

道家认为我们的政治最高级在这一层，你们儒家是第二名，第二名叫作"亲之、誉之"。虽然所有人都认为你是圣君，你是贤相，对你百般爱戴、肯定，但是这个地方还是有问题的，因为他还是知道你的好，知道你的好就代表你的好是有极限的。我们中国人对爸妈不说谢谢的，大恩不言谢！一个服务员帮你端茶倒水，谢谢！这个人帮你开门，谢谢！那个人帮你开车回家，谢谢！你都说谢谢。但是，你妈生你养你几十年了，给你的爱这么深，一句谢谢可以尽意吗？中国人并不是不知道感激，而是觉得名无能名，我没有办法用语言表达那种谢意了！"谢谢"二字能表达你对妈妈的感激吗？所以老外觉得你们中国人应该热情一点儿，拥抱一下嘛，喊一声嘛！中国人觉得这样也可以，不过一个拥抱好像也尽不了那个情，言不尽意，纸短情长啊！所以亲之、誉之已经是第二名了，因为他也知道你的存在，他也知道你好在哪里。而真正的好，是好在哪里都说不上来！太伟大了，不知道该怎么说，所以道家说我才是第一名，你们儒家第二名。

第三名呢？法家。法家是"畏之"，严刑峻法，你不听我就罚你，看你还听不听话，所以人民会畏你，这是第三级。

第四级就完了，人民连怕都不怕你，所以老子说："民不畏死，奈何以死惧之。"我活都活不下去，你说罚钱还有意义吗？没有意义。我们问自己一下，如果生命只到明天为止，你就知道什么是可有可无的了，什么才是你生命中最重要的东西了。所以太上不知有之是道家，其次亲之、誉之这是儒家，然后畏之就是法家。最后一个就是革命。侮之，君王被推翻，被羞辱，因为人民实在是忍无可忍了。

那如果我们从这里回头再来看太上禁其心，其次禁其事，再其次禁其言，这是韩非对于政治家的三个层次的区分。最好的君王就是从心上就能够掌握，其次是君王只能从臣子的言论上去掌握，再不行的君王我没有办法管你心里想什么，我没有办法管你说什么，只好管你做什么事，禁其事也。

若回到当今社会，从太上禁其心而言，我们身处信息时代，对信息要有判断的能力。所以不要轻易相信广告，广告往往会给我们一些想象，但事实上不一定是真实。比如我们说喝咖啡很浪漫，咖啡就是咖啡，咖啡是一个物，浪漫是一种情绪、一种情感，怎么可能喝咖啡就是浪漫呢？咖啡有可能引发我们的浪漫，但咖啡本身不是浪漫。财富引发我们的幸福，但财富本身并不等于幸福，因为财富是物质，幸福是一种感动、感受。了解这一点，大家就不会被广告所蒙蔽。本讲跟各位分享韩非子论明主治国的三个层次，希望大家都能够从这里面得到更多的启发。

# 第二十九讲　韩非的自动化理念

## 一、"禁其心"与自动化

这一讲我们思考一下自动化的问题，韩非也有类似的想法，认为君臣之间应该形成一种自动化的关系。先想一想我们之前提到的，所谓禁其心，禁其言，禁其事这三个层次。其实，我们讲禁其心就是一种所谓的自动化，意思就是说，君臣之间的关系根本就应该是自动的关系，就是一切只要依法行事，就能够自动进入状态，而不再需要君王站在旁边，去做任何的增补或努力。老百姓跟臣子不需要多想，也不需要智慧，除了法，一切都是多余的，只要跟着法令走就可以了。而这种自动化的管理，也就是一种智能型的管理，一种无为而治的智慧，这就是韩非的基本想法。

儒家也谈无为而治，是用道德的角度来说，"君子之德风，小人之德草"，我无为，无私心，一切率之以正，孰敢不正？这是儒家的无为。道家的无为呢？"我无为而民自化"，道法自然，这是道家的无为。墨家的无为就是完全接受天志，兼爱非攻就可以了，这样也可以无为而治。法家的无为而治是通过法令，所有人只要遵守法令就可以了，所以我们也不用想太多，一切依规则去处理，不也是一种无为而治吗？

我们不妨仔细想想，其实，遵守法令是一件很愉快、很轻松的事情，怎么说呢？我举个例子就知道了。如果我们只有一件衣服，其实是一个大解放，有没有想过这一点？很有趣！只有一件衣服的时候，早上起床还需不需要想我今天要穿什么呢？穿就对了，就只有一件嘛！有两件就会选，三件就会配色，四件就不知如何是好，如果有两百件恐怕就要陷入疯狂了，因为不晓得要穿哪一件才好。现在人所以疯狂就在这个地方，物质太多了。所以，假设你开餐厅的时候，你最好要有一道菜，就叫作"随便"。中午吃饭，人问：高老师你吃什么？随便随便。朱老师你吃什么？随便随便。李老师你吃什么？随便随便。因为每天选择也很累人的，有了"随便"这道菜，不就可以"无为而吃"了吗？"随便"这道菜的另外一个说法，就叫作无菜单料理。你今天来我家，来我餐厅，我有什么你吃什么，质量保证是最好的，但是不点菜，你等着我上菜就行了，这个也蛮有趣的，他排除了我们选择的烦恼和痛苦。所以，穿制服从某一种意义来看，反而是最简单轻松的事情，因为我早上起来穿制服就好了，其他一概不用想。所以男生比女生幸福，因为男生的衣服很简单，无须陷入选择的烦恼中。女生可不一样，从发型、颜色、配件，这其中有千千万万种变化，女生在某一种意义上来说是幸福的，但从另一种角度来说是辛苦的，她必须要做各种配色的选择。


## 二、自动化管理的前提

从这个角度出发，就可以了解遵守法律为什么是很快乐、轻松的事情。因为有法律规范，所以我过马路再也不需要东张西望，绿灯我就大大方方地走过去，看都不要看，对法律信任不是很轻松吗？儒家、道家你们讲了半天有什么用？法家才让人最轻松、最愉快，才让人真正活在一个安全之处，这是法家的功劳。这就是所谓的结构的胜利。法家就是要谈结构，现在管理学也是要先讨论结构，所以管理学认为没有笨的人，只有笨的管理，这是管理学非常重要的一个原则。法家认为，世间没有笨蛋，你只要跟着我的法律走，一定一清二楚而且非常安全，这就是法家的精彩之处。重视客观结构，能让我们在一个必然安全的社会环境下成长，很棒啊！你不能否定它。但是，当一个社会一切都靠遵守规则运行时，人会不会快乐，这就是另外一件事情。

人身上特有的一样东西是韩非始终没有办法完全掌握，或者说是他来不及安排的，这就是情感，例如我们说的备内。你怎么会去防备你的孩子呢？你怎么会去防备你的太太呢？他们跟你之间的感情太深了，我不信任他们我信任谁？这就是感情，所以，君王也没有办法不动感情。但是你只要一动感情，你就会有所偏好。我们的人性总是有所好，有所好就会有所偏，有所偏就会有所执，有所执就会有软肋，有软肋就会被别人乘虚而入。这就是韩非为什么一直对人类的情感采取不信任，甚至采取一种抗拒、不认可的态度，这个从君王的管理角度来说是可以理解的，可是真正困难的是感情不可能被取消，问题在这个地方。

所以，如果我们今天真的如韩非所愿建立了一个美丽新世界，一个完全合法的世界，你会不会喜欢待在这个世界里面？这就是儒家跟道家要问法家的问题了。法家让我很安全、很方便，我都完全接受，可是，还有没有什么东西是法家所没有提供的呢？当你问这个问题的时候，就要从法家走向儒家、走向道家了，我们必然要做一个转型。我前面讲过，你不能用完美来苛责韩非，韩非告诉你，你这个要求是过分了，因为我只是要治国啊！我哪里顾得了你的感情，你的感情去找心理咨询师，去找儒家，去找道家，去找佛教，你找我干吗？我只是要治理国家，所以，我只是六十分，不是吗？我就是要建立客观社会而已！至于这个社会安定了之后，你要做什么事情，法家都管不了，那是你的事情。但是你只要在这个国家，在这个社会里，你就必须先维持法治，遵守法规，你才有可能往上更进一步。法家是提供最基础的工程，如果连秩序都没有，社会不是就乱成一团了吗？所以，你不能用完美来苛责法家，你只能说法家走到这个阶段之后，他的阶段性任务完成了。

## 三、不求清洁之吏

至于你是不是还有更高的向往和理想，韩非完全尊重你。韩非只是说，那已经超出我的想法跟学说的范围了。韩非的学说只是一个治国之道，你要追寻自我更高的修养之道，你要去跟天地鬼神感通，韩非并没有意见。在有关治国这个地方，我们要尊重法家，就算你要批评他，也要对他有一定的肯定跟尊重。韩非只要求六十分，官员不必非圣贤不可，这就是"不求清洁之吏"，所以身边无不可用之人，这个君王才是用人高手。如果我们一定要求一个人的品格高尚才用他，那要等到什么时候？韩非只是要可用的人才，而不是圣贤，所以人才只要六十分就可以，而不必一百分，等不及嘛！不求清洁之吏，就是从这个角度来说的，一切依法行事。我只要求你把事情做好，至于你是什么样的人，那是另外的问题，法家管不到，也不想管。因为法家说，我们如果连道德问题都要管，那太辛苦了，我现在只管到做事这一层，保证国家能够安定，而且能够发展，我的责任就已经尽了。流水无私，一切以法为准，则无私情之累，所以韩非说：

明主之国，官不敢枉法，吏不敢为私利，货赂不行，是境内之事尽如衡石也。此其臣有奸者必知，知者必诛。

——《韩非子·八说》

这种主张还是第三个层面的做法，太上禁其心，其次禁其言，其次禁其事。官员只是不敢枉法而不是不想，因为只是不敢，所以他的心并没有被你真正降服。臣子不敢篡位，因为君王太厉害了，不是不想篡位，而是不敢篡位。"官不敢枉法，吏不敢为私利，货赂不行，是境内之事尽如衡石也。"每个人都不敢有自己的私心跟意见，一定要依法行事，就像度量衡的衡石一样客观，我们完全依法来治理国家。"此其臣有奸者必知，知者必诛。"臣子只要有"奸"，君王一定能发现，若发现一定罚你，绝对不可以破坏我们的秩序与共识。所以，我们不要觉得闯红灯没关系、不重要，闯红灯是很恐怖的事情，因为这不只是光闯红灯这件事情，而是它破坏了我们的互信规则。所以"臣有奸者必知"，知了以后呢？必诛！"有奸必知"是通过术，可以发现臣子的错误。"知者必诛"，我用术发现之后，一定要给他应有的反应，好的我就要赏，不好的我就要罚他，这就是法。

君王有势，然后再通过术来掌握臣子，通过法对臣子进行赏罚。不敢有私，不敢枉法，所以法家思想并不难，但操作起来很困难，因为人有感情。所以最难掌握的就是术，因为术要克服主观的情感、执着，最难突破的地方就在这里。看得破是智，忍不过是情，所以常言说英雄难过美人关。情关难过，人的主观情感最不容易控制。所以，"有道之主，不求清洁之吏，而务必知之术也"。求清洁之吏是被别人掌握，务必知之术则是由我掌握，主动权在我。如此，君王才能不受制于人而能制人，也才能保住君势的权威性，这是韩非不求清洁之吏的重要意涵所在。

# 第三十讲 "二柄": 萝卜和大棒

本讲我们讨论韩非十分重要的作品《二柄》。

## 一、赏罚分明的"二柄"

"二柄"其实就是西方管理学上常见的一个理念, 管理者既要有大棒, 又要有萝卜, 大棒就是处罚, 萝卜就是奖赏, 简单来说就是赏罚, 这就是韩非说的"二柄"。

> 明主之所导制其臣者, 二柄而已矣。
>
> ——《韩非子·二柄》

"二柄"就是刑和德, 杀戮之谓刑, 就是要对有罪者进行制裁;

庆赏之谓德，臣子做的正面的事情我当然要重赏。所以一定是重赏、重罚！这就是法家的重刑主义。

以开车为例，除了方向盘，需要我们操控的就是油门与刹车。油门是让车子有更大的能量往前走，这就是所谓的德，我要车子停就是刹车，刹车就是刑。所以各位开车的时候，你就了解"二柄"了，非常简单，一个就是油门让它走，一个就是刹车让它停。不过我要提醒各位一点，那种自动档的车，就是假设我已经把车调试好了，你只要踩着油门和刹车就可以了。车子的结构就是法，你的刑和赏是在你的法的范围内来进行的。用车子来说，各位还要注意到一点，我们说自动档的车就是没有离合器，手动档车上的离合器其实就是术，那个术就是调整嘛！就是增加轻重，所以，你只要会开车，你就能了解韩非的"二柄"了。

## 二、从"二柄"到法家的刑名之学

既然"二柄"的赏罚根据是法，则"人主将欲禁奸，则审合刑名，刑名者，言与事也"。人主将欲禁奸，一定要审核刑名，循名责实，所以刑名就是言与事。也就是掌握臣子所言与所行之事，由言与事之间是否相合，判断其应否赏罚。我们前面不是讲过太上禁其心，然后禁其言、禁其事吗？现在出现的只是言与事，没有心！所以法家不讨论心的问题，那个难度太高了，而是强调先掌握臣子的事跟言。臣子提出了什么计划，需要什么资源，提出来之后要如何完成？君王可以给予资源，但是给了这个资源之后，臣子必须要把实际的成果拿出来，这叫作循名责实。所以你有所言，就要能够做出相应的成果出来，言论与行为结果之间要能够相互呼应，这个就是最基本的刑名之学。

君主循名责实，不求清洁之吏，但是除了清洁之吏，臣子毕竟有能力的差别，人主应该如何取舍呢？"人主有二患：任贤，则臣将乘于贤以劫其君；妄举，则事沮不胜。"（《韩非子·二柄》）人主用人有一种两难，任贤，用好人，就是选项之一。但是你用好人，这个人就有名望，名望一大之后，就会功高震主，臣很可能取而代君。所以，当你用到一个贤臣的时候，你也要小心一点儿，因为他太好了、太贤能了，所有舆论都会支持他，这个时候就可能造成舆论跟法令之间的冲突，贤臣就有篡位的危险。这是第一种情况。其次是妄举，则事沮不胜。如果你乱用人，结果就是事情都做不好，很麻烦。你用贤人，你就要小心他功高震主；你用不对的人，你就要小心事情一塌糊涂，由此可见，当君王还真是蛮辛苦的。所以，读完《韩非子》之后，也许我们就不会那么想当君王了。当然，韩非马上会说，你们这种人的想法很笨，法家也是无为而治啊！你完全可以不把君王当得那么辛苦，如果能力足的话，怎么会辛苦呢？治大国若烹小鲜啊！举重若轻啊！你怎么会做不到呢？所以，这不是法家理论的问题，是我们自己能力的问题。君主治国的能力要靠修养与学习，我们上次也讲过，"去好去恶，群臣见素"。君王掌握臣子的时候，就是要在萝卜和大棒、油门和刹车、刑和德之间做好平衡。你自己要能够抱持一个客观、中立的态度与立场，不要用你的好恶来进行判断。根据心理学的分析，人在生气的时候，智商大概是四到五岁的水平，这个时候我们做的判断，可能不是那么地可靠，所以各位不要乱发脾气。

所谓的刑德，我们再深入地来看，也可以用阴阳之道来说。你不能只有赏，也不能只有罚，这二柄单独使用效果都不好，如同阴阳不离一样，赏罚亦不离。大家要注意一点，阴阳根本不是二元对立，它们是隶属在道之下的两个方面，称之为两端。两端的意思就是说，它们是同一件事情的两个角度、方向、面向。所以，阴阳是一体的两面，阴中一定要有阳，阳中一定要有阴，阴阳之间是互动的，它是一种动态的智能。当我们用刑跟德的时候也要这样子去想，刑跟德看起来是冲突的，其实不是，你刑下去之后，另外也要给他德，这种赏就会因为对比而更加重了刑的作用。你犯过失就会被罚一万元，你做好会赏给你一万元，所以，你做不好不只是被罚一万元，总体上是少了两万元，因为你本来还可以多一万元的。所以刑跟德加起来的时候，就有互相加乘的作用，这也就是所谓的阴阳之道。

用阴阳两端来理解二柄，其实是非常有趣又中肯的，也就是回到《易经》所讲的阴阳之道。我们再看看几个例子：

人主者，以刑德制臣者也。今君人者释其刑德而使臣用之，则君反制于臣矣。故田常上请爵禄而行之群臣，下大斗斛而施于百姓，此简公失德而田常用之也，故简公见弑。

——《韩非子·二柄》

齐简公对于臣下非常严格，比较苛刻了一些，田常作为他的大臣，却对人民非常的宽厚，也就是简公只用刑，没有用德，而田常用了德。人民就会恨简公，喜欢田常。韩非在这里的意思就是说，刑跟德一定要同时兼顾，如果你只用德，或只用刑，就会出问题。齐简公用刑严厉，那田常正好反过来，他用德，所以老百姓就会觉得他比较好，他比较宽厚，所以后来的结果就是田氏篡齐。

君王用刑而不用德，毛病出来了，反过来，那君王用德不用刑呢？也会有问题。

子罕谓宋君曰："夫庆赏赐予者，民之所喜也，君自行之；杀戮刑罚者，民之所恶也，臣请当之。"于是宋君失刑而子罕用之，故宋君见劫。

——《韩非子·二柄》

子罕说，我来扮白脸，你来扮红脸，你看齐简公这么严格，人民都爱田常去了。所以，现在杀人的事情、惩罚的事情、扮白脸的事情、让大家讨厌的事情，我来做，君王你就负责善待人民，这不是很好吗？君王一听有道理，但是这样做的结果是，所有人民都知道权力在子罕手上，当然宋君的威势就没有了。

所以，这两个故事就告诉我们，用刑不用德，或用德不用刑，最终的结果就是权力被架空了。韩非特别用这两个故事提醒君王，刑与德一定要兼备，不能丧失其中的任何一个。《韩非子·定法》篇就强调法跟术："此不可一无，皆帝王之具也。"你不吃饭就会饿死，冬天你不穿衣服就会冻死，衣服跟食物都很重要。刑跟德就如同衣服跟食物一样，你放弃任何一端就会被臣子把握到另外一端，就会导致失败。

## 三、乐生重死的安国之法

我们上次讲到官吏不敢违法，不敢行私，讲不敢只是第二名，如何要达到第一名？

> 人不乐生，则人主不尊；不重死，则令不行也。
>
> ——《韩非子·安危》

各位回去一定要跟你们的老板讲这一句话，"人不乐生，则人主不尊"，老板你要给我加薪。因为加薪，我才觉得人生是可爱的，工作是有价值的，上班是一件愉快的事情。因此，我的工作效率就会提高，业绩就会好，公司也会因此赚更多钱。所以你给我更多，我会给你更多，这个是很有道理的。这也就是老子讲的那一句话："民不畏死，奈何以死惧之。"你给我这么少的钱，给我这么差的待遇，那我做跟不做其实也就差不多了，我还会尊重你这个老板吗？不会！"不重死，则令不行。"根本不怕死的人叫作亡命之徒，当他根本不在乎生死的时候，你如何还能控制得了他呢？所以要给人民德、赏，让他把日子过好，他就舍不得离开你，也舍不得辞职，更不可能去反抗你。因为你让他太快乐了，他干吗反抗你，这叫作德。

第二步对不怕死的人而言，你的刑罚对他不会构成威胁的。如果不重死，则令不行，就是"人不畏死，奈何以死惧之"。资本家的一个最核心的目的就是谋财，但是很重要的前提则是"谋财不害命"，这是重点。因为你害完命之后，你的财也就没有了。一定要让人民的生活充满了快乐，充满了依恋，充满了舍不得，这个时候，人民才会真正的乐于遵守社会的规范。所以从这个角度来看，当一个社会经济越好的时候，教育和法治应该就会越好，基本上是如此。如果我们连活都活不下去，吃都吃不饱，你觉得我们还用守法律吗？我们还需要受教育吗？很难的。

所以，从这个层面来看，法家跟儒家有一点相同，就是养民。一定要养民，因为如果人民都活不下去了，那你这个政权就完蛋了。儒家的养民，是因为圣王有不忍人之心，所以有不忍人之政，是出于人性的不能自已，是完全自发地爱人。仁者爱人，己欲立而立人，己欲达而达人，这是儒家养民的动机。法家不是，法家是说，如果要国富兵强，就要有更多的人民以增加国力，而且如果要让人民支持你，就要让人民生活愉快，安居乐业。所以，法家也要养民，儒家也要养民，但是这两家养民的动机是不同的，儒家来自于不忍人之心，法家来自于国富兵强的目的，而养民也就是安国之法。

故安国之法，若饥而食，寒而衣，不令而自然也。

——《韩非子·安危》

所以安国之法不是别的，就是让人民吃饱穿暖，安居乐业，一切 OK，如此而已。所以，法家绝对不会苛刻人民，相反，法家会给人民最多，因为只有给人民最多，人民才会最安定，才会更拥护你，才会让你的法令更有效率，更有说服力。

我一开始的时候就提醒各位，一般人都认为儒家好像比较宽容，有不忍人之心，有不忍人之政，但是法家却很严格。所以我用六十分和一百分为例，让各位对儒家、法家有个基本的了解。其实，法家更希望人民过得幸福，当人民过得快乐富足的时候，反而是法律最容易生效的时候。

最后，总结一下，如果你会开车，或者你坐过车，你就知道刹车跟油门的关系，你就懂得什么是刑，什么是德，也就了解《韩非子·二柄》的智慧所在了。

扫一扫
进入课程

# 第三十一讲　韩非的用人之术一：
## 皇帝不要太勤奋

以往我们说，韩非有一些寓言故事十分精彩，那么，今天就让我们用小说来跟韩非好好聊一聊。

台湾地区有一位重要的法律学者萨孟武先生，他曾经写过三本小书：《西游记与古代政治》《水浒传与中国古代社会》《红楼梦与中国旧家庭》。《西游记》谈论古代的政治哲学，《水浒传》描写中国古代社会，反映当时的社会，《红楼梦》解析中国古代的家庭。我觉得这三本小书其实都蛮有趣的，各位如果有机会可以找来读一读，现在我们先来看看《西游记》。

## 一、御驾亲征须慎为

《西游记》里面最重要的角色是孙悟空，齐天大圣大闹天宫，人天震动。玉帝虽为天宫之长，可是从来没有跟孙猴子交过手，所以你会问：玉帝干吗要派二郎神、派一大堆天兵天将去打呢？玉帝不是最厉害吗！为什么不自己动手呢？萨孟武先生的分析是这样子的。我们看看历史上的例子，御驾亲征对于君王而言其实是一招险棋。因为就只有这一次机会了，你输了就完了，这当然是险棋啦。那如果不御驾亲征怎么办呢？你看看玉帝，要去降伏孙悟空的时候，还是派了各路的大将去，他自己没有下手。派大将去只有两种结果：赢了，把孙悟空降伏了，功劳是谁的？功劳是我玉帝的，因为我有知人之明，我派你去赢的。那败了呢？也不是我的问题，是这个将领征战不力，罚他一下就算了，不会动摇我玉帝的权威。这就是为什么玉帝不跟孙悟空交手的一个最重要的原因，所以御驾亲征要谨慎为之。

以一个公司的立场来看，主管开会不要太急于发言，先让部属慢慢讲吧。你抢着发言的结果很危险，你可能作出一个错误的判断，也可能作出一个正确的判断。如果你作出的是一个正确的判断也就算了，如果你作出的是一个错误的判断，而被你的属下修正，那你的权威地位就被动摇了。所以，当领导者很简单，我们有两个耳朵一张嘴巴，先听再说！听完大家的意见，然后再彼此交换意见，等大家全部说完，正确的答案也就呼之欲出了。于是你只要简单总结，属下就会认为长官果然英明。

所以，就像《西游记》里面玉帝不跟孙悟空直接交手一样，如果你是公司主管，有的时候要在第一线，才能表现你亲民的态度与风格，这当然可以。但是你要小心，这里面有一些相对的风险，这是作为人主一定要注意到的。

那么，我们再看一下《西游记》里面唐僧的三个徒弟，孙悟空、猪八戒，还有沙悟净。佛教有三毒说，就是贪、嗔、痴，这是我们生命中的痛苦之源，人生的烦恼痛苦皆由此而生。孙悟空爱发脾气，没事就暴怒，不断嗔怒。猪八戒每天沉迷酒色之间，就是贪。沙悟净呆呆的，啥事也搞不清楚，就是痴。所以，唐僧这三个徒弟，正是象征着贪、嗔、痴三毒，而这里面唐僧则是个大昏君，常常只听猪八戒的话，很少听孙悟空的话。所以，如果孙悟空读到了韩非的《孤愤》，一定会大为赞叹！唐僧一直听猪八戒那个笨蛋的话，我老孙聪明无比又对你这么好，你居然不听我的，真是岂有此理，焉得不怒！所以，你可以把《西游记》跟《韩非子》来对比一下，也可以跟佛教来对比一下，颇有趣！

我们先不谈孙悟空的忠臣形象，以及猪八戒的庸臣形象，我们先看看唐僧。唐僧是一个昏君，昏君有两种：一种是昏庸愚昧的昏庸；一种是大智若愚的昏庸。以前我当系主任的时候，有好朋友就开玩笑说："你啊，昏庸啊！"学生听到人家这样子说我，下课就跟我说：那个老师说你昏庸，你怎么不生气呢？他骂你呀！我说，说我昏庸干吗要生气呢？昏庸是极高的赞美呀！《老子·第二十章》里面不是说吗："俗人昭昭，我独若昏。俗人察察，我独闷闷。"各位你看，你们公司里面最昏庸的是谁？就是董事长啊！他每天好像都在那边呆呆的，其实他哪里是呆，他心里一清二楚，这叫大智若愚。你们每个人都这么聪明，这么清楚，你们只看眼前这一小块，整个一大块你根本看不到。董事长是看一整大块，他是不会在那边计较那些细节，他既没有时间，也没有兴趣管小事，他是看整体。所以朋友说我昏，我是欣然接受。第二个，庸。庸是好字啊！就是以正面义说庸。如果庸是坏字，那是取劣义，是因为我们把庸跟平庸、庸俗放在一起。庸者，用也。《中庸》不是讲庸吗？朱子说，"中者，天下之正道；庸者，天下之定理"呀！朱元璋不是有一个宰相就叫作胡惟庸吗？庸是好字啊！所以说你昏就表示你大智若愚，这是极高的赞美；说你庸，就表示你能得其用。所以，当有人说你昏庸，其实是对你的高度赞美啊！真的很有趣。当然，这是因为我跟朋友彼此的信赖度非常高，所以，我相信应该是赞美的意思多。如果因为你昏庸，而让所有人都能够愉快地生活，那么这个昏庸是有意义、有价值的。

所以，从《西游记》这里我们可以看到：第一，君王不能轻率地御驾亲征，因为那是一招险棋，而且一出征，就让他人知道你的斤两了，知道你的优点、缺点和局限了，臣子就可以借此来控制你。这就是为什么在《西游记》里面，玉皇大帝绝对不会跟孙悟空交手的原因。第二，既然你不出手那怎么去平乱呢？那事情谁做呢？臣子去做就好了！我有眼光，我有识人之明，臣子做不好，是他办事不力，罚就是了，完全不会影响君王的权威，其实这也就是我们说的用人之术。

## 二、领导别太忙

我们进一步说唐僧下面三个徒弟，沙悟净只是一般呆呆的事务官，影响实际决策的就是孙悟空跟猪八戒。猪八戒往往是投其所好，孙悟空耿直率真却往往不被采用，所以孙悟空常常一生气就走啊！最后回到唐僧，唐僧基本上就是一个昏君嘛！老是被猪八戒骗，这就是昏，所以你要不要变成一个昏君，最好自己想一下。如果昏庸用另外一种正面意思来解释，那么，这两个字其实不见得都是坏的意思，它也有非常深刻的意义在其中。像我刚刚举的例子，全部都可以在韩非的文章里找到支撑的。

> 事成则君收其功，规败则臣任其罪。
>
> ——《韩非子·八经》

韩非说事成是由君王收其功，因为我君王有识人之明，规败则臣任其罪，事情失败则是你臣子的问题，我们不能怪长官。所以他下面接着说：

> 君人者，合符犹不亲，而况于力乎？
>
> ——《韩非子·八经》

君王"合符犹不亲",就是说把契约拿出来确认,这种小事情、这么简单的事情他都不需要做,更何况去外面打仗呢? 太辛苦了吧! 当一个长官当得这么辛苦是有问题的,就表示你不能善用你的结构、善用你的组织,而事必躬亲,御驾亲征,绝对是一种博命与冒险,因为你可能力有未逮。我们不可能有无限的精力,所以当皇帝不要太勤奋,太勤奋就表示你底下的人没有帮你分忧解劳。当君王只要掌握宰相、几个大臣就可以了,根本不用关心底下的小吏,因为底下的小吏是大臣要去帮你管的,如果君王还要管底下的小官吏,还要管人民,那还要这些大臣干吗呢? 这也是表示你的组织跟结构有问题。

君王不是什么事情都要做,他只要做那些最要紧的事情,所以,主管办公室一定要寂静舒适,让他能从容冷静地做出卓越的决断。所以,不能让校长、总经理、董事长太忙,因为人太忙的时候,他就没有时间做比较深刻的反省,没有时间从容地规划宏大的布局。一定要让这些人的心境非常悠闲,才能宁静,才能致远,这是非常简单的道理。最高级的君王一定要非常地稳重悠闲,然后才能掌握大方向,领导的责任是给我们指一个方向,所以他要看得非常的长远,从这个角度来看,他就不能做杂事。所以,领导的待遇优渥是有道理的,这不是什么阶级性,是他的职称要求,他必须要有这样的条件,才对大局有利。

## 三、如何做一个上君

韩非说：

> 力不敌众，智不尽物。与其用一人，不如用一国。
>
> ——《韩非子·八经》

力不敌众，一个人寡不敌众；智不尽物，我一个人怎么可能想这么多，为什么要开会，开会就是脑力激荡法嘛！与其用一个人，不如用一国。所以，只用一个人的智力这非常单薄，你要善于用全国的力量，所有人的智慧，这才是明主。否则，君王就变成直接跟孙悟空对打的玉皇大帝，那绝对是一个失误。所以，韩非最后再次提醒我们：

> 下君尽己之能，中君尽人之力，上君尽人之智。
>
> ——《韩非子·八经》

下君只尽己之能，自己很努力，每天忙得跟鬼一样，但是未必能把国家治理好。我以前担任行政工作的时候，每次在下班觉得自己很累、很疲倦时，就会想到韩非这段话。很累的时候我就是下君，就是初阶的领导者，这是不行的。中君是尽人之力，不是靠我一人之力，是靠众人之力，有进步了。最高的上君不只是用人的力量而已，更能用人的智慧，不仅全民的力量能够支持你，全民的智慧都来支持你。所以，这里有三个层次，刚入门的君王，什么事情都自己扛，这叫作下君。其次，中君尽人之力，所有人都来帮我效力，都听我的话，你要他做什么他就做什么。但是到第三级"上君尽人之智"的时候，臣子就不只是帮你做事情，他还会主动帮君王解决问题，这才是君王的最高境界。

以前在学校做行政领导的时候，秘书室就会帮我剪报收集资料，把当天的报纸，剪出一大堆资料给我。我跟秘书说，这个做法就是中君尽人之力，因为你只帮我剪报，但是你还要尽人之智嘛！所以，你一定要帮我做分类，并且判断这个问题是哪一个处室单位要解决的；然后请他们先去研拟办法之后，再把他们的想法跟我报告，最后，我只要勾选项目就好了。而不是我看完，我解释完，然后再去找处室单位，叫他们来规定他们如何做。所以，如果秘书只做到剪报这一层，这叫作尽人之力，你只是提供素材给我，但是我需要的是你要帮我去思考问题，帮我去安排会议，帮我去解决问题，我只是最后决定用哪个策略而已！我们说下君尽己之能，最笨的君王就是自己去看报纸，中君就是秘书帮我剪报，上君的秘书不但帮我剪报，还帮我规划、整理，甚至帮我评估，提供标准模式来处理事务，我只要做决策就可以了。

最后还是邀请各位，有机会的话，也可以从小说里面去体会人生，尤其是《西游记》可以跟《韩非子》的思想，做非常有趣的对应。由此就可以看到《西游记》另外一个面向的智慧，也可以了解到韩非子的智慧，不只可以用在政治，也可以用在生活之中。如果能这样，也算是善读《西游记》、善读《韩非子》了。

# 第三十二讲　韩非的用人之术二：以臣备臣

这一讲继续来讨论关于韩非的用人之术。我们前面谈到一个君王不应该也没必要御驾亲征，因为这样可能就会暴露出领导者的一些局限，让臣子有可乘之机了。现在我们要谈用人之术的第二点，叫作以臣备臣。

## 一、以臣备臣及其前提

什么叫以臣备臣？就是君王用了一些臣子，同时再找一些人帮我监督这些臣子，以臣子防备臣子。这个做法其实也是必然的，因为管理是一种结构的掌握，分层负责是很重要、很必要的做法。我们想想，一个公司从董事长、总经理，一层一层下来，都是人在管理人。你用总经理去管经理，经理去管副经理，副经理去管组长，组长去管组员，这难道不是以臣备臣吗？不是用人来管理人吗？这个有什么问题呢？为什么不可以呢？这个就很有趣了。这里凸显出来的问题就是说，在管理学上，尤其在政治学里面，分层负责这是一个普遍的而且是必然的现象，也就是我们一定会用人来帮我们管理其他人，这是一个常态。但是分层负责的前提是以法为根据，一切依规则来办理，而不是依臣子的主观好恶判断，否则就是"释法而以臣备臣"。在没有规则、没有法的前提之下，你以臣备臣就会出大问题。

以臣备臣是一种术的使用，韩非《难势》篇说中主抱法处势则治，君王把法抱住就可以治理国家，其实，抱法处势少了一样东西，就是用术。你要有术，才能保证法的贯彻。现在回头来看同样的问题，如果你只是以臣备臣，就只是一种术，这种主观的术，它缺乏法的客观规则。我们用人来帮我们管理其他人，这是管理的常态，而且是一种必要的做法，但重点在我们有没有法律，有没有一个统一的规范。所以，释法而以臣备臣，纯粹靠人主观的方式来管理，这是非常有问题的。

这里，我们可以看一个历史人物，就是曹操。曹操，治世之能臣，但也是乱世之奸雄，所以他可以治世，也可以乱世。每个时代人很多，但人物不多，英雄也不多，曹操算是一个英雄人物。但是曹操也有他的困扰，就是他用人颇为疑惑，赤壁之战之所以会败掉，《三国演义》认为是因为水军非常重要的将领，遭到反间计而被曹操杀掉了，这就是因为他总是怀疑别人。我们常说用人不疑，疑人不用，但是要做到这一点很难。我们总是不放心，总是会以臣备臣，以臣备臣就会被新的臣所左右。所以，以臣备臣有两个基本的困扰：第一，我用张三来管李四，那谁来管张三呢？一直推下去就会形成无限的后退，这对于人力管理是十分不利的，我们不可能这样做下去。第二，就算你最后找到某人，但是这个人到底可不可以信赖呢？还是有问题的。所以，最后还是要用法作为标准，这就是以臣备臣中需要注意的关键问题。韩非说：

> 人主之患在于信人，信人则制于人。
>
> ——《韩非子·备内》

"信人则制于人"这句话，是基于对人性的不信任。韩非认为，人只是趋利避害的动物，所以韩非的人性论是一种特殊的看法，你若不接受他对人性的看法，你就可以不用接他后面的内容了，重点就看你觉得他对人性的判断，能不能站得住脚。因为人性是自利的，所以不可信，以不可信之人去管理其他人，并非完全安全的做法。因为臣子仍然是以自利为优先，最后仍须以客观的法为标准，只要不释法，以臣备臣就没问题。

## 二、众擎易举，独木难持

韩非说：

天下有信数三：一曰智有所不能立，二曰力有所不能举，三曰强有所不能胜。

——《韩非子·观行》

天下有三个定律是不会改变的，第一个，智有所不能立。我们每个人都不是全知全能全善的，我们的智能都有所限制，一定有所不能。因为我们的智力是有限的，所以我们需要别人的帮助。第二，不但我们的智慧力是有限的，就连体力也是有限的，力有所不能举。即使你是项羽，力能扛鼎，但是你可以扛一百个鼎吗？不可能。所以，不管是我们的体力、还是我们的智力，都是有限的。智与力既然有限，就表示它有所不及，所以，再强的生命依然有限，也就必然有其所不能胜任的部分了。这就是第三，"强有所不能胜"。这一句话我们可以回到《老子·第三十三章》："知人者智，自知者明。胜人者有力，自胜者强。知足者富。强行者有志。不失其所者久。死而不亡者寿。"老子说胜人者叫作有力，我可以把你压下去，我可以胜过你，胜人者有力。那什么是强者呢？强者不在于我可以把别人压下去，自胜者强，强者是能够把自己的缺点加以克服的人。

韩非清楚地指出，有三样东西是我们必须接受的前提：才智有限、力量有限、生命有限。"盖众擎易举，独力难支。"明张岱《募修岳鄂王祠姆疏》里的这句话是我的老师晓云法师常常提醒我的，你不要认为你一个人就可以把天下举起来，一定得靠一个团队，大家齐心协力来完成。因为天下者，天下人之天下也，所以，事业也是大家共有的事业，只有在你这样想问题的时候，你的格局、你的见识、你的力量才会无限地放大，而不会自我限制。所以众擎易举，大家一起来的时候，这个事情很容易做好；独木难持，只靠个人的力量，是不可能成就大的事业的。

## 三、克服瑜亮情结

虽然众擎易举，独力难支，但是知识分子常有一个生命难关，就是瑜亮情结。其实有瑜亮情结是非常可惜的，在《人物志》里面说，最高的才就是无才，这是道家的基本思想。

> 凡偏材之人，皆一味之美。故长于办一官，而短于为一国。何者？夫一官之任，以一味协五味；一国之政，以无味和五味。……凡此之能，皆偏材之人也。故或能言而不能行，或能行而不能言。至于国体之人，能言能行，故为众材之隽也。人君之能异于此。故臣以自任为能，君以用人为能；臣以能言为能，君以能听为能；臣以能行为能，君以能赏罚为能。所能不同，故能君众材也。
>
> ——《人物志·材能第五》

"无才"，实际上是让所有的才都有一个发展、表现的空间，它成全所有的才，这就是有生于无，因为无而能成就一切的有。

各位想想看我们泡茶、泡咖啡，为什么都要用水呢？因为水无色、无味，所以用水一泡就变成了茶、咖啡。茶有什么味道，咖啡有什么颜色，你们尽情去表现，水绝对不会控制你、压抑你，这就是水。老子说"上善若水"，是有道理的。领导者能无为而治，此时的无为就是以无才自居，你有才也不需要用，因为你手底下人才济济。你的重点不在于去做事，自己在那边拼死拼活，你真正的才是让手下的才都能够成为大才，这才是你作为一个管理者、一个领导的真正价值。所以，知众擎易举，独力难支，实在是一个很重要的智慧，这个智慧也能让我们克服瑜亮情结。所谓的瑜亮情结，是我们对自己失去信心的表现，当别人比我们好的时候，我就心存压迫感，其实别人并没有压迫我们。把别人打倒，并不表示我们很强，胜人者力，自胜者强。你自己有没有内涵、有没有价值，要由你自己决定，因此，一个人并不会因为别人的高贵而显得自己不高贵；同理，也不会因为别人都不高贵，你就会变得比较高贵，高不高贵不在与别人的比较中。如果我们想通这一点，就不会有瑜亮情结。

相反的道理叫作见贤思齐，见不贤内自省。这世上本来就人才济济，如果我们把每个人都看成挑战者、竞争者，压力就会无限地被放大。但是，如果我们反过来想，意识到这么多人，每个人都可以来教我、来帮我、来成全我。此时，你看到每个人都会很高兴，不然的话，你看到每个人都会觉得是一个对手。

所以，我在每年大学开学的时候，都跟新生分享这个观念。在开学典礼的会场内，你从你的前后左右看看，果然人才济济！很多老师会告诉新生，这是一个竞争时代，而且是一个全球化的竞争时代，所以，你的竞争者不是现在在场的一千人、两千人、三千人，而是全球几十亿人。学生一听那还得了，我一个人要面对世界这么多竞争者，那不被歼灭才怪，心情瞬间变得十分沉重。其实，当今世界并不是你死我活的竞争啊！而是要彼此双赢。为什么不可以跟身边的人一起创造一个美好的生活呢？当我们有这样的心胸、这样的想法的时候，我们看到每个人都会很愉快，做每件事时都充满希望。只有这样，我们的生命才有真正的价值，也才有真正的乐趣。

众擎易举，独力难支，真是非常有智慧的一句话，它破斥了瑜亮情结，也让我们自信心得到肯定。所以，我们对人要放心，用人就要大胆地用，当然前提是绝对要依循客观的法律来执行。只是用人去盯人，你的权力就借给他人了，再也没有人会重视你。所以，以臣备臣观念在施行时要注意到两点，第一就是绝对要以规则、法作为标准，否则权力就会被其他人所借用，这就叫作重臣。比如某一个宦官，或者某一个大臣，最后一定篡位弑君。那你说，没有关系呀！我可以用一群人监督另一群人。不行！你用一群人监督一群人叫作朋党，唐代有牛李党争，宋代有新旧党争。所以一定要用法做最后的标准，不能用人来做最后的标准。

第二，以臣备臣也要与时俱进，在以前还得靠宦官、东厂、西厂，以及各种小道消息，现在根本不需要了！大数据、各种信息的收集，完全可以控制臣下，还需要以臣备臣吗？已经不需要了，计算机会帮你做，而且计算机不会篡位，也不会去窥视你个人的好恶，因为计算机本身没有好恶。如果韩非生活在

21 世纪，他一定会叹为观止，现在的 AI、大数据，是法家治理国家非常有利的工具。21 世纪对韩非而言，也许的确是一个新的场域，更能满足其无为而无所不为的要求与理想。

# 第三十三讲　韩非的用人之术三：人才与奴才

这一讲讨论韩非对于用人之术的第三个重要的观点，这个观点在我们日常生活中常常听到，就是：你到底用人才，还是用奴才？

这是个非常有趣的问题。因为要做事，我们一定要人才；可是又希望他能听话，所以我们又希望他是一个奴才。那到底是要用奴才，还是要用人才？孟子说：尽信书不如无书。对所有的知识，一定要保持高度的警惕跟存疑。比如，我现在讲的《韩非子》也不一定是正确的，我只能保证我说出我的认识和体会，但是我不能保证我说得全部正确。所以，各位一定要对我的讲法保持警戒，这才是读《韩非子》所应秉持的精神。

## 一、用人的两难

首先，你是要用奴才，还是要用人才？这个问题本身就有问题。我们用人是要用智人，还是要用修士？用一个聪明的人，还是要用一个可靠的人？那你可以问，我为什么不可以用一个既聪明又可靠的人？所以，请大家保持一点儿警觉性，不要那么快就接受韩非的问题。就像你要追求一个女生，要请她吃饭时，你说，今天晚上我们吃饭好不好？这是很差的问法。你要怎么问呢？你就说，今天晚上我们要去吃西餐还是中餐呢？其实，这个问题已经假设你要跟我吃饭了，所以，我们要先确定问题的合理性再回答。

我们先看韩非的说法：

> 任人者，使有势也。
>
> ——《韩非子·八说》

我们用一个主管，用一个人，就是要给他一定的权力，他才能够利用这个权力去做一些事情。所以，长官享受一些特权是合理的，因为他要承担更多的责任。权力和责任是搭配着来的，而不是供你任意挥洒的，当我们有一天成为领导的时候，你真的要有这种理念：我们所需要的权力是用来做事的，因为权力是来自责任的。所以，任人者，使有势也。我们用一个人，就是要让他有权力。既然要用人，因此我们一定会碰到这种人：

> 智士者未必信也。为多其智，因惑其信也。以智士之计，处乘势之资而为其私急，则君必欺焉。
>
> ——《韩非子·八说》

第一种是碰到很聪明的人，他很有才华可以把事情做得很好，可是智士者未必信也，因为他太聪明了。如果这个人你压不住他，可能会被他反篡，现实中这种例子太多了。所以，君王有的时候不敢用太聪明的人是有道理的。智士者未必信也，好吧！你说智士不可靠，那就去找一个可靠的，叫作修士，这是第二种人。任人是要使断事也，决断事情不是人可不可靠的问题，而是你有没有脑子的问题！你要聪明才能断事。你很可靠，但是你没有能力断事，那我用你也是白搭。所以，可靠的人但是他没有能力去决断，事情做不好；聪明的人他可以把事情做好，但他不一定值得信赖。这就是韩非用人的两难：到底我是要用智士，还是要用修士呢？到底怎么办呢？

## 二、人才、奴才皆可用

事情很简单，就是要用术。

> 故无术以用人，任智则君欺，任修则君事乱，此无术
> 之患也。

——《韩非子·八说》

如果我们没有用人之术，也就是如果没有自己的能耐的话，任智则君欺，我们用了聪明人就被臣子欺骗，如果用了修士呢？事情做不好，国家就乱了。我们前面讲到过以臣备臣，应该是要有法作为规则，让以臣备臣不出状况。可是你要知道，能不能把法运用得非常的漂亮、彻底，还是要看个人的能力，还是术的问题。可是术真的很难，没有很高的修养、很深的功力，你是掌握不住的。术是《韩非子》书里面说得最多的，韩非最不放心的就是术，因为术的难度是最高的。因为难度高，韩非也提供了许多应变的策略。例如：

> 明君之道，贱得议贵，下必坐上，决诚以参，听无门
> 户，故智者不得诈欺。

——《韩非子·八说》

贱得议贵，就是说底层的人也可以去告发长官，这样的话君王才不会被蒙蔽，不然你看不到实情。然后呢？下必坐上，也就是说，如果你的长官有错误，而你不向君王报告，你们结成朋党，形成一个共犯结构，这样是不行的。你必须检举你的上级，如果你明明知道而不检举的话，你就得与他连坐，这就

让臣子们非去彼此监督不可。决诚以参，使用各种多元的信息来作为参考。听无门户，我绝对不会只听一个人的，一定是博采众议，听众人的意见，我才能知道他们的差异跟不同。如果君王能做到这几件事情，就算臣子再聪明，他也不敢乱来，这就叫作智者不得诈欺。

至于那些修士，没有能力的人，虽然他不会坏事，但也成不了事，所以还是不行。韩非的做法是：

> 计功而行赏，程能而授事，察端而观失，有过者罪，有能者得，故愚者不任事。
>
> ——《韩非子·八说》

"计功而行赏，程能而授事"，今天要赏的一定是有功的，不是因为你的忠心，而是因为你的功劳，光有忠心是不够的。因为我要你来做事，不只是找一个可靠的人，而是要能帮我做事的人。程能而授事，衡量你的能力，给你相应的职位让你去做事，然后，查端而观失，从小地方就可以看出一个臣子的作为的得失。

孟子讲仁、义、理、智四端，端就是端绪。所以，韩非对以上问题的说明还是很清楚的，他告诉我们，用人可能碰到的是聪明但是不一定可靠的人，还有就是很可靠但是能力不一定很强的人。虽然这两种人各有得失，但只要有好的策略与做法，这两种人皆可以使用，也就是人才、奴才皆可以用。

## 三、选才、养才和人尽其才

虽然人才、奴才都可以用，但还是要选人才，这是儒家的尚贤主张。儒家、法家都要选才，所谓选贤与能，虽然人才、奴才各有得失，但都要用，否则怎么办呢？这是我们要问的第一个问题。要解决这个问题要有两套做法，一套做法针对智者，另一套做法针对修士，尽量让这两类人都为我用，被我完全地掌握，这就是韩非在用才上的态度跟想法。因为有过者罪，有能者得，所以智者不得诈欺，愚者不得任事，智者跟愚者君王都能够掌握住，这就没问题了。

现在我们问第二个问题，用人一定要选才，儒家会问法家一个问题，你觉得人才都是自然而然产生的吗？你觉得人才都不需要培养就会生出来了吗？所以法家缺了一个东西，就是养才。我们怎么去培养人才，这一点韩非一直没有正面的说明。对养才最重视的其实是儒家，儒家重视教育，通过教育培养人才，只有在培养了人才之后，你才有才可选，才有才可用。所以，我们在讨论到底如何用才，不管是一个人才，还是一个奴才。其实这还是第二个问题。第一个问题更重要，它关注的是如何培养人才的问题。韩非对人才的使用有一套想法，但是他对于人才的培养着力不多，他的重点，在于如何使用目前已经有的人才，这就是法家跟儒家在人才观念上的差异。从可持续性观点来看的时候，我们必须把儒家拉进来，因为只有儒家才能够不断地培养出我们可以去选择、任用的人才。在这个地方，法家到最后还是需要用儒家的教育来与法家做一个互补。

最后问大家个问题：到底是用奴才或人才？我的回答是：凡是人才都是奴才，凡是奴才也都是人才，这才是最高境界。如果你要选人才，可是这些人已经在你手下了，你已经没有机会选择的时候该怎么办呢？这个时候就看你怎么用了，只有最有智慧的人，才能化腐朽为神奇。所以，当你认为某物是垃圾，但是你若摆到对的地方它就是黄金。人尽其才，就没有奴才、庸才或人才之分了，而是所有的才都是人才，只是看领导者有没有智慧，让这个才发挥到最高的价值了。

这个想法其实也不是什么了不起的创见，各位只要想到孔子就可以了。孔子的教育理念就是四个字：因材施教。每个人都有他的才，你说这个人很笨，但是这个人很忠心啊！这个人很狡猾，可是他很聪明啊！所以我就让他们各安其位，各安其位之后，就无不可用之才，还需要选才吗？这叫作无入而不自得，这就是我们用人的最高境界。所以，用人的最高境界就是无不可用，没有垃圾，全部都是人才！

# 第三十四讲　韩非对于人民的态度

这一讲要谈的话题，是有关韩非对于人民的态度。这个问题一定会引发非常多的讨论跟争议，但是绝不可能避而不谈，作为一个法家，就要有面对这个问题的勇气。

## 一、事实的描述与价值的规定

我们从孔子常常被我们讨论，也比较有争议的两句话开始。一句叫作"唯女子与小人难养也"，另一句话是"民可使由之，不可使知之"。首先，不要忘了孔子也是一个人，孔子生活的时代背景有其特殊性，当孔子说"唯女子与小人难养也"的时候，他是不是对于性别有偏见呢？其实我觉得这有两种可能性，一种可能性就是偏见，女子与小人是难有教养的。这是一种规范性的说法，女子与小人就是缺乏教养的人，也就是一种本质的说明。另外一种可能，则是对当时个别现象的描述，也就是当时有女子与小人是缺乏教养的，但并不表示所有的女子与小人都是缺乏教养的。这正好说明了在当时，女性跟一般人很难得到受教育的机会。所以，女子与小人难养也，它可以是一个事实的描述，只是说明当时的状况，并没有说女子跟小人是不可以有教养的，而只是说，到目前没有或者是很难得的。反过来说，

> 子曰："自行束脩以上，吾未尝无诲焉。"
>
> ——《论语·述而》

既然有教无类，难道女子跟小人孔子会放弃吗？当然不会！因为孔子放弃了女子与小人，就是放弃了"人皆有仁心仁性"的平等信念，这就是不仁！就是不义！这怎么可能？所以，从这个角度来看，"唯女子与小人难养也"，应该把它理解成一种描述，就是描述当时的状况，而不是一种规范，好像女子跟小人就不值得、不应该享受这种文化上的教养。

第二，"民可使由之，不可使知之"，这个讲法有很多争议，其实在《老子》里面也有类似的说法。

> 虚其心，实其腹，弱其志，强其骨。常使民无知无欲，使夫智者不敢为也。为无为，则无不治。
>
> ——《老子·第三章》

俗人昭昭，我独若昏。俗人察察，我独闷闷。

——《老子·第二十章》

老子认为当时民心太浮躁，完全追求外在的物质享受，而不知节制，这其实是非常危险的。所以《老子·第八十章》有小国寡民之说：

小国寡民。使有什伯之器而不用；使民重死而不远徙。虽有舟舆，无所乘之；虽有甲兵，无所陈之。使民复结绳而用之。甘其食，美其服，安其居，乐其俗。邻国相望，鸡犬之声相闻，民至老死，不相往来。

——《老子·第八十章》

小国寡民的世界是一个纯朴的世界，在这个纯朴的世界里人不必有机巧，活得非常自然、自在，老子用"老死不相往来"来形容这样的适意自在。

老子的理想如果用庄子的两句话来解释，就叫作"鱼相忘于江湖，人相忘于道术"。两只鱼在陆地相见都快干死了，就互相你吐一点儿水给我，我吐一点儿水给你，这叫作相濡以沫。相濡以沫其实是令人感动的，好朋友之间其实就是相濡以沫。朋友受了委屈来到我这边，我啥也没有，我就一包泡面，我也请你吃啊！就一包烂茶，我也请你喝啊！这不就是相濡以沫吗？然后如果换成是我受委屈，你也是如此相待，这种感动跟温情真是动人啊！庄子也很肯定相濡以沫，只是不禁要问：为什么我们要生在一个乱世呢？我们为什么不生在一个有道之世呢？鱼只有在水里才会自由自在，那样我就不必担心你，你也不用挂念我；人只有在一个合理的世界里面，我才会放心你，你才会放心我。庄子的意思是要我们各安其位，不必担心，也不要彼此挂念，而能自由自在，这完全不是冷漠。道家一点儿都不冷漠，你去读《庄子》就会感觉他极为热情：

> 庄子送葬，过惠子之墓，顾谓从者曰："郢人垩慢其鼻端若蝇翼，使匠石斫之。匠石运斤成风，听而斫之，尽垩而鼻不伤，郢人立不失容。宋元君闻之，召匠石曰：'尝试为寡人为之。'匠石曰：'臣则尝能斫之。虽然，臣之质死久矣。'自夫子之死也，吾无以为质矣，吾无与言之矣。"
>
> ——《庄子·徐无鬼》

惠施死了，庄子非常难过。虽然惠施常常批评庄子，庄子也常常挑衅一下，开他的玩笑，但是当惠施真的过世的时候，庄子是非常难过的。他说再也没有人能够跟我对话了，表示他非常忧伤。从这个角度，我们可以了解道家的心情，道家不是愚民政策，而是先让我们舍弃不必要的追求，远离不必要的烦恼跟痛苦。

那现在我们看看孔子要怎么说：

> 子曰："民可使由之，不可使知之。"
>
> ——《论语·泰伯》

意思就是说，人民要他跟着法令去做就可以了，不用让他们知道法令的来由，你要让人民完全理解政策是不切实际的。很多人认为孔子这样讲，好像对人民不太尊重，所以试着把它改成这样："民可，使由之；不可，使知之。"就是做一个章句上的改变，让它能够通。大意是，人民若智能充分，则可以由人民决定目标，若人民智能尚未充分，先教育使其智能提升。这样的说法也通，但是我觉得倒也未必一定要如此改变章句。孔子说得很清楚，民可使由之，以前的人民不是我们今天的人民，以前的人民可能真的不是所有人都有受教育的机会，所以，人民就是需要君主给他指一个方向。不可使知之，人民没有那个条件，也没有那个能力，我怎么可能让他们明白呢？在教育之前，先给他们一条明确的道路就好了。虽然人民没有文化条件，但是不是就完全不能让他知之？不是，这只是暂时的做法而已，并不是反对人民受教育。孔子有庶之、富之、教之之说，正是此义。所以，我还是主张把这两句话"唯女子与小人难养也""民可使由之，不可使知之"，当成一种事实的描述，而不是当成一种价值的规定。

## 二、民本思想

在孔子那个时代的确是如此，我们没有办法实现教育的普及，但是并不表示我们对这些人要放弃，相反，孔子一生的努力就是要进行教育，就是要把这些人拉起来，有教无类啊！现在我们看看韩非怎么说：

> 欲得民之心而可以为治，则是伊尹、管仲无所用也，将听民而已矣。民智之不可用，犹婴儿之心也。夫婴儿不剔首则腹痛，不揤痤则寖益，剔首、揤痤必一人抱之，慈母治之，然犹啼呼不止，婴儿子不知犯其所小苦致其所大利也。今上急耕田垦草以厚民产也，而以上为酷；修刑重罚以为禁邪也，而以上为严；征赋钱粟以实仓库，且以救饥馑、备军旅也，而以上为贪；境内必知介，而无私解，并力疾斗所以禽虏也，而以上为暴。此四者所以治安也，而民不知悦也。夫求圣通之士者，为民知之不足师用。昔禹决江浚河而民聚瓦石，子产开亩树桑郑人谤訾。禹利天下，子产存郑，皆以受谤，夫民智之不足用亦明矣。故举士而求贤智，为政而期适民，皆乱之端，未可与为治也。
>
> ——《韩非子·显学》

韩非的讲法很清楚，为政而期适民是非常危险的，你作为一个政治家，如果全部要听百姓的，这是非常危险的。韩非基本上对于人民采取一种不信任的态度，这个不信任不是说人民是坏的，而是因为人民在当时没有机会受到好的教育，所以，他们也很难有比较长远的考虑，一般情况下比较短视。这不是人民故意如此，而是他们有知识上的限制。所以韩非子说："变与不变，圣人不听，正治而已。"变还是不变不是重点，能不能把国家治理好才是重点。韩非又说：

夫不变古者，袭乱之迹；适民心者，恣奸之行也。民
愚而不知乱，上懦而不能更，是治之失也。

——《韩非子·南面》

　　现在你处于这个时代，居然还要用以前时代的方式来做事，
这就是不切实际了，如果你因袭着一个不恰当的方式，食古不
化，当然国家治不好。回过头来，"适民心者，恣奸之行也"，
这个话讲得很严重，在当今社会，讲这个话是会犯众怒的。听
百姓的居然叫作恣奸之行，那还得了，民主政治是完全不能容
忍这种说法的。但是，我们如果将其放在韩非所处的时间、空
间、时代来讲，这句话是成立的。为什么听百姓的就是一个错
误？就是一种混乱呢？很简单，因为民愚而不知乱，并不是我
要愚民，而是因为人民没有机会受到教育，所以本来就是愚笨
的。他们没有办法做正确的判断，搞不清楚国家方向、制度的
优劣和轻重。若在上位者懦弱而不知道更正人民的观念，就是
君王的失败。所以，韩非不相信人民，是因为当时的人民民智
未开，不晓得国家的秩序与方向。我们在上位者既然有文化、
教养、智慧，那就应该把路开出来，带领人民走向一个新的时
代，要能够变法，能够创新，这个是法家的思想。法家绝对不
会在某时代里原地踏步，因为法家是最开放的思想家。

　　从这个角度来看，儒家、道家、法家，基本上对人民的判
断都采取保留的态度。但是我已经提醒各位，这三家基本上没
有否定人民，他们只说人民没有受过教育不具备判断力，他们

没有说人民该死！反之，正因为人民的这种现状，所以我才要帮你，而不是放弃你。我要带领人民走向一个国富兵强之道，这是法家；我要带领人民，让你更有文化教养，这是儒家；我要带领人民，享受小国寡民的自由自在，这是道家。这里很清楚的，他们都没有放弃人民，都是以人民作为他们的根本的关怀对象。这就是我们说的，其实不管儒家、道家跟法家，都有某种程度的以民为本的思想，这一点值得我们留意。但是以民为本，并不表示我们就要完全听人民的，这是两回事。民本是说，我们所有的政治、学术，最终目的都是为了安顿天下百姓，让天下百姓都过好日子，这是先秦诸子的共同心愿，只是他们用的方法有所不同而已。先秦诸子从来没有轻视人民，从来没有贬视那些知识不足的人，中国知识分子从不做这种事情，这就是中国传统文化值得我们去继承的智慧与胸怀。


## 三、对人民的教育与治理

总之，我们对百姓基本上是尊重的，而且是完全体恤的，但是为了要有更多的改变创新，也要有接受百姓的质疑的心理准备。韩非曾举商君为例：

> 说在商君之内外而铁殳，重盾而豫戒也。故郭偃之始治也，文公有官卒；管仲始治也，桓公有武车；戒民之备也。
>
> ——《韩非子·南面》

商君治国，重盾随之，也就是说，商君在上班的时候，旁边一定要有很多保安，否则会被丢鸡蛋。因为他改变太大太多，让很多人受不了，郭偃及管仲也是类似的情况。法家都希望把国家治理好，可是为什么人民对他们却非常地气愤呢？那是因为法家改变了人民的生活方式，人民觉得不习惯、不方便，人民并不知道改变生活方式，可以得到更长远的快乐跟利益，人民看不了这么远。政治家看到了未来的方向，要有勇气独排众议，坚持理想，你有这个勇气的才是法家，法家就是做这个事情。

但是因为法家说"适民心者，恣奸之行也"，当然犯众怒！首先，法家一定首先会得罪贵族，不是吗？因为法家把贵族的权利、财富都集中在国君身上，从封建制度变成郡县制度。第二，法家惹火了所有的老百姓。因为你变法，老百姓要应付新的法律很麻烦，而且人民又很短视，所以就会反对法家。当贵族讨厌你，人民讨厌你，你还有活路吗？只剩君王。可是这个君王挺你，他的下一位继任者未必完全接受你，这就是法家的命运，其实是蛮辛苦的。所以，我们一方面要欣赏法家这种开创格局的魄力与勇气；另一方面，要对法家的下场有更多的同情。法家这些人的确犯众怒，既然是重法，就是重视规则与平等，取消种种特权。不只是贵族、人民讨厌他，连后妃都讨厌他，因为依法行政，所以贵族、后妃的特权都被剥夺，所以没有人喜欢法家。法家的做法，事实上是对大家最好的，但是忠言逆耳，这就是法家很无奈又悲情的命运。

古之善为道者，非以明民，将以愚之。民之难治，以其智多。故以智治国，国之贼；不以智治国，国之福。

——《老子·第六十五章》

老子这段话只是要让人民别有那么多机巧之心而已，不是想让他们变得更笨。民之难治，以其多智，这个多智，就是指人民的欲望、成见、偏见太多，进而造成盲目的物质追求。所以"将以愚之"，是为了避免偏见的执取，而不是要让每个人都变成笨蛋。同理，"以智治国，国之贼；不以智治国，国之福"。老子说老百姓不要智，要愚，领导者也是如此。以智治国，国之贼也，就是说，君王治国的时候不尊重法律，不尊重政策，而只用自己的小聪明在那边耍弄，这是非常危险的。这个智慧老子叫作："致虚极，守静笃。"把自己的偏见、小巧、小慧、小聪明打掉，之后你才能服膺于大道，才能可持续发展。老子认为不只人君应该如此，人民也应该如此。我不认为道家、儒家和法家是愚民政策，或者是反智论者，他们只是认为我们不应该用小智、小慧，去破坏大道而自以为是，这是儒家、道家跟法家共通的一种智慧。儒家会用道德来提升我们的人性，道家希望人民的修养可以回归自然，法家使用法令让我们能够遵守社会的规范，三者其实各有其界域跟精彩之处，在这一点上没有冲突或矛盾。

最后，我只讲一个很简单的意思，就是说，民是至神，也是至愚。什么意思呢？我们刚才看到这些思想家，不管是孔子、老子、韩非都认为人民是很笨的，因为人民的教育是不足的。实际上我看今天说人民笨，是因为他们的专业能力、知识是不充分的。所以，作为一个领导者要听人民的，这是体察民情，而不是听由人民告诉你要在这边盖机场，在那边建港口，那是知识问题。知识问题应该由专家来处理，人民不需要讨论这类事情，因为人民也不是专家，我们要尊重知识的专业性。但是我们要让人民过上好日子，人民希望经济好、社会安定、教育普及，在这里我们绝对要尊重，而且要跟随着民心的向背来走，在这一点上人民是至神的。人民想要的东西，其实都是有道理的，他要生活的安定、要经济的发展、要教育的普及、要环境的永续，这些要求都没有问题，这个是至神的，没有哪个国家不是如此。但是要怎么做到，要如何达到这个目标，你就不要听人民的了，你要听专家的。这就是我们说的，人民一方面是至神，因为他们要求的是人心共同的要求，这就是人民的神性；但人民也有他的愚性，因为他对现实世界不见得真的这么了解。在这个地方，我们就知道什么时候要听人民的，我们要尊重人民、要满足人民的需求。但是在某些时候，我们就必须对人民有一些引领，甚至有一些否定。这里，政治家要有爱心、智慧、勇气与坚持，以实现人民真正的需求与向往，这也是儒、道、法三家共同的心声。

# 第三十五讲　韩非政治哲学的最高境界

在前面的讲述里，我们把韩非的法、术、势，已经做了一个系统的介绍了，现在就来看看韩非政治哲学的最高境界。

## 一、治大国若烹小鲜与庖丁解牛

韩非的治国理想，是要达到一个什么境界呢？韩非君王治国的理想境界之一，其实很有道家色彩，就是"治大国若烹小鲜"。

"若烹小鲜"至少有两种解释：第一种解释就是，治理大国跟煎小鱼这两件事情没有差别，这时候你就不会觉得自己因为是治理大国而战战兢兢，煎小鱼就随随便便，治国、煎鱼内容不同，但都只是一件事情而已，不必有分别心，这个境界不错。所以治大国若烹小鲜，所有的事情对我来说都是一样的事情，平常心是道，这就是老子的齐物论。第二个意思就是我们前面讲到的，以智治国，国之贼。我们煎鱼就比不上我们的妈妈，妈妈今天把鱼放在那个地方慢慢煎，放心得很，看都不看。而我们不是，我们煎鱼一定没事就看一下，没事就翻一下，看鱼煎好了没有。所以，那条鱼最后根本不成形状，最后被我们煎成鱼松了，这叫作以智治国，国之贼。所以，治大国若烹小鲜有两解释：一种解释就是，我治国的心情跟我烹小鱼的心情是完全一样的，我只要专心把眼前这件事情做好，治国、煎鱼的意义是完全一样的，都是道。我治国是道！我烹鱼是道！我做其他事情也是道啊！道无所不在，这是庄子的话，怎么只有在治大国才有道呢？我烹小鲜当然也是道嘛！这个道是平等的，这是老子的齐物论。治大国若烹小鲜的另外一个解释，是你有没有耐心，你能不能放下你自己，让这个小鱼成为小鱼。没事儿就翻一下，没事儿就搅动一下，这叫作以智治国。因为你没有尊重事物原来的节奏跟旋律，你太急躁了，这种急躁一定误国，这就是为什么说以智治国，国之贼也。我们想一下，老子这个境界，难道不也是韩非的一种期待吗？韩非不是告诉你要尊重法令吗？如果你不尊重法令的客观性，你在这东来一个特权，西来一个特批，就像烹小鲜不断搅和的意思是一样的，你就会完全把规则破坏掉，韩非的想法跟老子在这个地方其实是很相应的。

　　我们再来看看《庄子》，《庄子》里最有名的寓言之一就是"庖丁解牛"，庖丁解牛展现的智慧与境界，与治大国若烹小鲜其实有异曲同工之妙。庖丁是一个解牛的高手，解牛无数，技术高超。一日，庖丁为文惠君解牛，文惠君大为赞叹，认为这样的技术已经没有人能超越了，这已经是最高境界了。然而庖丁并不认为是这个样子，庖丁认为："臣所好者道也，进乎技矣。"我追求的是道，不是术，若只是看到技术，你只是得其皮，没有得其肉，也没有得其骨，更没有得其髓。文惠君受教，并请问他修道的过程，庖丁就说了一段他的心路历程。

韩非也是如此，前面讲的那些治国的技术，全部都是庖丁解牛的过程，那个牛就相当于一个国家，国君就是庖丁，庖丁解牛就是治理国家，你这样想就非常贴切。国家的结构就像牛的身体结构一样，解牛不能乱砍，而是要依循其身体的结构、理路而行，所以才能顺畅而无阻碍。不以智治国，也就是不以一个人自己主观的想法去解牛，而只是尊重牛身体的结构，这样的修养就是无我、无执的境界，也就是刀刃的无厚。无厚，就是无知的象征。因为能循理而行，能尊重体制治国，所以能游刃有余，治大国若烹小鲜，无为而无不为。如果我们一意孤行，势必与对象冲突，进而导致彼此的矛盾、冲突与伤害。所以最差的厨师每个月都要换一把刀，折也，每天拿这个刀就跟骨头对冲，所以你的刀也受伤了，骨头也受伤了，这是初级厨师干的事情。良厨岁更刀，就是一年才更换一次，割也。第一个是折，第二个是割，已经有进步了，但是还是要换刀，只是时间的长短不同罢了。庖丁说，我那把刀用了十九年，就好像刚用磨刀器磨完一样，完全没有任何的损伤。为什么是这个样子呢？因为我的刀都是在骨头细缝中悠游，顺着理路来解牛，绝对不会跟牛的理路做对抗，所以我的刀永远不会受挫，这就是为什么我的刀到现在还是新的。若君王能像庖丁解牛一样治国，结果一定是悠游自在，举重若轻，这就是治大国若烹小鲜。

刚才我们谈的是道家，现在我们就简单说一下儒家。

> 颜渊、季路侍。子曰："盍各言尔志？"子路曰："愿车马、衣轻裘，与朋友共，敝之而无憾。"颜渊曰："愿无伐善，无施劳。"子路曰："愿闻子之志。"子曰："老者安之，朋友信之，少者怀之。"
>
> ——《论语·公冶长》

盍各言尔志，子路第一个发言，"愿车马、衣轻裘，与朋友共，敝之而无憾"，阳光少年也。颜回说"愿无伐善，无施劳"，自我要求甚高。子路问：老师您呢？您给个指导吧！孔子说："老者安之，朋友信之，少者怀之。"三句话把一切都安顿好了，所有人我都关心、照顾到了，这是一种无限心的表现，我们称之为天地气象。天无所不覆，地无所不载，各安其位。安顿一切，这才是孔子的心愿。这不只是车马衣裘的现实安顿，也不是无伐善、无施劳的自我觉醒，天地气象不仅有车马衣裘的客观安顿，不仅有无伐善、无施劳的主观觉醒，更能使一切各安其位，而达到一种绝对的境界。这也是一种超越言说的无言之境，所以孔子说："天何言哉！四时行焉，百物生焉，天何言哉！"（《论语·阳货》）

## 二、对最高境界的阐释

我们现在就用韩非自己的话，来看看他对最高境界的阐释：

> 古之全大体者：望天地，观江海，因山谷，日月所照，
> 四时所行，云布风动……
>
> ——《韩非子·大体》

所谓古之全大体者，就是真的能够掌握道之大全的人。"望天地，观江海，因山谷"，这很有趣，我们一定要向大自然学习。望天地，看到天无所不覆，地无所不载，所以，我们说天圆地方，心量无限，这是很高级的智慧！然后观江海，天地永恒不动，但是江海之水不断地来来往往，天地是告诉你恒常的真理，江河是告诉你变动的智慧。所以易有三义：简易、变易、不易。望天地，我们要向天地来学习永恒不易的真理；观江海，要能够看江海的起落，体会人间变动，你才能拥有那种动态的智能，你才能掌握世异则事异，事异则备变，你才能成为圣之时者，仁者乐山，智者乐水，无入而不自得；因山谷，这个地方一定要从老子说，谷就是深谷，为下，为下才能容纳一切，所以水一定是往山谷集中，因为山谷低下谦退才能够容众，所以古人善观，"观"字甚重要，所谓古文"观"止、洋洋大"观"、大

"观"园、"观"世音菩萨，等等，这都是很棒的概念。我们知道观跟看是不一样的，看是用眼睛看，观是用心观，所以佛教讲止观。观是一个非常好而且非常高级的概念，而观什么呢？我们讲观山、观水、观天地，从这个地方得到智慧跟陶冶，所以中国人是一个善观的民族。

所谓全大体者，"望天地，观江海，因山谷，日月所照，四时所行，云布风动"，全部都被他掌握，这就是圣人最高的境界。全大体就是掌握道之全，然后不以智累心，不以私累己。不会用小智而自以为是，不会以个人的私意、私见来扭曲自己、来限制自己。然后不要用个人的喜怒哀乐去治国，而要用一个客观的法制规则来治国，寄治乱于法术，然后托是非于赏罚，而能如此做的前提是要做到不以智累心，不以私累己。我们看看天地，你觉得天地有私心吗？江海有私心吗？山谷有私心吗？没有！所以，我们要把自己的私心、私意、小智都放掉，放掉才能成全大体，全大体之后你才能体道，才能有法，才能有术，才能有势。没有道，你的法、术是既用不出来，也用不好，这个就是韩非政治哲学的最高境界，所以他还是一个法家。

## 三、韩非理想的实现路径

道是天理，也是人性，所以治国之道一定不逆天理，不离情性。换言之，一定是依循着人的本性去做，而不是逆情而为。这就是我们前面讲的"因情"，情者，实也，就是跟着我们原有的面貌去做。法家最认真，而且最实在，真话虽然不一定很好听，你不一定会接受，但是法家认为，我就讲真话，听不听是你家的事，这就是法家的精神。韩非说："不吹毛而求小疵，不洗垢而察难知。"（《韩非子·大体》）法家不会吹毛求疵，这个人已经六十分，我就让他通过了，我先要求六十分。如果连六十分都达不到，怎么可能达到八十分？当一件事情我自己去做可以九十分，秘书去做七十分，我一定让他做。因为只有让他做过七十分，他才有机会变成八十分、九十分，全部你去做，他永远没有机会获得成长跟磨炼。这个时候也许会造成你的一些不方便，但是我觉得值得，是因为就在这种情况之下，我们才能培养后进，这是有道理的。所以"不吹毛而求小疵，不洗垢而察难知"，就是不要只管太细的东西，这样有时候反而会丧失你真正的焦点与重点。韩非只要求守法，不要求道德，所以不引绳之外，只要求六十分；不推绳之内，不及六十分一定重罚，这个绳就是法。换言之，法律规定以外的我完全尊重，绝不会干扰你，但是在法律范围内的事情，则要完全遵守，不能推卸责任。不引绳之外都还是道家，然后不推绳之内就变成法家了，所以法家还是有别于道家。韩非还是用法作为基础，所以不急法之外，不缓法之内，还是要用法。

守成理，因自然，这个讲法，儒家接受，道家接受，法家也接受，只是法家的守成理，因自然，有一个前提就是法律。韩非的智慧及最高境界，都必须通过法，通过真正的实践，用切实的治国理念去呈现，而不只是提出一种个人的感受。个人的想法与境界那是虚的，在韩非看来，我必须保证这个境界能落实在国家的治理上，真正加惠于民，而不是只是我自己孤芳自赏。所以法家韩非还是慷慨的，他愿意而且坚持把这样的境界用在政治上，用在治国上。也就是说，韩非愿意跟所有人来分享他的境界与智慧，我比较喜欢而且主张从这个角度来欣赏韩非的境界。对于生命的体会，法家是从制度、技术的层面，到达一种人生的修养与智能的层次，这是把法家往上说，让韩非的思想有更高的价值。

# 第三十六讲　中国哲学：生命的实践

这一讲我们进入韩非思想的最后一个阶段，先说关于盲人摸象的问题。

## 一、盲人摸象与韩非的无奈

一群盲人摸大象，摸着象鼻子就是一个圆形的，摸着象腿就是一个柱子，摸着大象肚子就成了一道墙，摸着尾巴就变成绳子了；盲人有说谎话吗？没有，但他们可能又都是说了假话。现在我们把大象理解为道，这一群盲人就是诸子百家，你我也是。因为我们每个人都有自己的角度、方法和切入点、假设，盲人们对于大象的了解就会有所不同，因此，先秦诸子百家论道就各有差异。这里第一个意思就是说先秦诸子讲的话都有道理，但可能都不够完整，其实这就是《庄子·天下》篇中所做的反省。

这只象是完整的，可是我们时间有限、能力有限，所以我们只摸到了象的一部分，此所谓"道术将为天下裂"。每个人都有自己的角度跟观点，他都报道了道的一部分，但是都不是整体，这就是偏，而不是全，这时问题就出来了。我们的问题其实并不在于我们是一偏之见，而在于说我们会把这个偏见，当成普遍的真理，这个才是我们认知过程中最大的问题。所以庄子并不认为法家、儒家、墨家是错的，但指出它们都不是最完整的。诸子可能都有一部分的真理，但是道之整全并没有被我们掌握到，庄子说我们都是一曲之士。我们总是有自己的特色、精彩，虽然这些特色、精彩都是独一无二的，但毕竟都只是部分的真理而已。因为每个人都是一曲之士，个人如此，学派亦然，所以，法家思想也是中国哲学思想里不可或缺的内容，我们有义务对其加以合理的对待与理解。

其次，我们可以看到韩非是很无奈的。你当了领导我可以给你一套治国之术，这是韩非能做到的，但你能不能当领导，这个事情是韩非爱莫能助的。韩非给我们一套做法，这套做法是提供给在位者用来治国的，至于你有没有机会得到这个位，你有没有机会得到这个势，韩非是无可奈何的。

在先秦，唯一讨论政权转移这个问题的，其实就是孟子。孔子不是说必也正名乎吗？君君，臣臣，父父，子子。但是孟子就要问孔子一个问题：君不君的时候怎么办？臣不臣的时候，我们可以把他换掉，可是如果君不君怎么办呢？孔子没说。孟子就说，君如果不君的时候，一样可以把他换掉，所以一定要反省禅让、革命、世袭等诸种政权转移的方式。也就是说，谁会当皇帝、做天下之共主，孟子认为有三种可能的方式。第一种可能性就是尧、舜的禅让，但是那个模式已经过去了，不可能再实现的。第二个就是汤武革命，革命完了之后，就是嫡长子世袭制。所以朱元璋不喜欢孟子，认为他居然认为周武王的革命是合理的，要是哪一天我做不好了，人民不也可以推翻我吗？所以朱元璋对孟子十分不满意。但是，即使孟子有这样子的讲法，请问孟子能够去安排谁当国王吗？谁当皇帝吗？也不行嘛！

所以韩非其实是很无奈的，因为他没有机会选择君王，这是他必须面对的一个挑战与限制。但是他能做到的是，不管是谁当君王，他都希望能帮助这个君王把国家治理好，让百姓的生活能得到真正的安顿。

所以，我一直觉得，韩非骨子里还是受到儒家的影响，他跟李斯是不一样的。李斯是完全为自己，一开始我就说李斯是一个真小人，他一点儿也不遮掩，我就是要名，我就是要利，我怎么能让自己这么困苦呢？我觉得他也很干脆，不啰唆，这也不错。但韩非就不是如此，韩非还是希望能够实现正面的理想与价值。

所以，法家最重要的一个贡献，就是从一个分封诸侯政治，彼此争夺，转化成为一个统一的君主国家的政治，这是很重要的一个时代使命。

## 二、韩非思想的应用

接下来，问题来了，既然法家的任务是从战国封建时代转到君主时代，今天我们已经从君主时代转入民主时代了，那么法家学说不就没有用了吗？因为这个时代已不在你的目标责任范畴之内了。我们的回答是，韩非的任务是从封建到君主，我们已经从君主到了人民民主时代，这是人类历史发展的大趋势。但是，韩非这些想法其实在今天的时代里面，我们还是会用到的。譬如说，我们现在常常讨论到民粹的问题。民粹就是说只要是大家的意见，不管是好还是不好，就可以决定我们国家的政策方向，其实这很可能是一个非理性的决定。所以从这个角度来看，韩非不见得完全支持民主，他如果支持民主，一定是有前提的，这个前提就是人民应该有好的教养、好的教育、稳定的经济，在这个前提下，人民的水平才会达到一定程度。这个程度的人民不会是愚笨的、封闭的，这个时候我们就要接受、要尊重人民的意见。但如果缺少如此前提的时候，韩非不认为我们就应该百分百地接受人民的意见。所以，我们前面也提到人民有至神和至愚的两面性，就是这个意思。

在民主制度里面，我们会碰到一个很基本的挑战，就是以量来决定质的问题。我们有一个通俗的讲法叫作"三个臭皮匠，胜过一个诸葛亮"。这个故事是要告诉我们要脑力激荡，群策群力，通过开会，寻求好的策略与做法，这样的做法说法也有一定的合理性。但是，前提是开会的人要具备一定的知识与智能，否则一群笨蛋也很难提出高明的解决方案。三个笨蛋加起来只会更笨，而且他们有时候还会排斥聪明的人。三个笨蛋在一起的时候，不会觉得自己是笨蛋，还以为自己都是聪明人，当一个聪明人发现我们三人居然是笨蛋，真是是可忍，孰不可忍！所以法家被排挤的理由就在这里。三个臭皮匠，三是一个量概念，诸葛亮聪明，是一个质概念，量概念不等同于质概念，量多并不等于就是正确的，并不一定就是聪明的，这不是很简单的道理吗？所以，从这个角度来说的时候，你还要相信三个臭皮匠，一定会胜过一个诸葛亮吗？如果量不能决定质，那么民主投票多数不是量的概念吗？我九十票，他七十票，我们就要尊重少数，服从多数，一般就是如此运作。但是这种做法一定就是对的吗？

这就会创造出很大的讨论空间，这个地方我们可以了解，韩非为什么对于所谓的民意，一直保有一定程度的警觉性。他不是否定，而是保持一种警觉，同理，我们今天也要保持一种警觉。民主这个大趋势没有问题，这里表现人民的至神，但是细部的问题还是要谨慎考虑。有一则网络讯息很有趣，英国投票通过决定脱离欧盟之后，发现网络上有关欧盟的内容搜寻突然变得非常多，所以有人解读就是说，投票决定脱离之后，人民才开始认真了解欧盟到底是怎么一回事。这是很有讽刺意味的现象，提醒我们，现在所运行的这种机制，是不是一个最安全、最圆满的机制，值得谨慎地讨论。

因此，当我们已经从韩非的君主时代进入民主时代，是不是韩非所说的一切就都没有效用了呢？不一定！有些已经没有效用了，但有些还是有效的。就像孔子所说的，唯女子与小人难养也，在那个时代可能是有效的，在这个时代可能是无效的，如果是无效的，我们就应该放弃。孔子已经说了，"毋意，毋必，毋固，毋我"，孔子也没有叫你要信他信成这个样子，是你自己自作多情，孔子是要让你独立思考啊！对于韩非，我们先前比较了解韩非跟李斯，当然李斯的生命历程比较有戏剧性，跌宕起伏，可歌可泣，让你觉得感慨万端。如果拍电影的话，李斯比韩非要精彩得多。韩非的言行表现不免孤愤，他之所以这么急切，其实也是表现出他的热情。韩非大可以如杨朱，拔一毛以利天下不为，干吗要那么孤愤？孤愤就表明他有热情，不是这样子吗？所以，我正是从这一点上来肯定韩非的，我觉得他是有高度热情的思想家。

　　庄子也一样，一般人都会觉得庄子《逍遥游》《齐物论》很浪漫，不晓得各位的感觉怎么样，我觉得读《庄子》一点儿都不浪漫。你读《人间世》《德充符》，《人间世》描述的那个时代是"仅免刑焉"，那个时代不受到刑戮，就已经是很好命了。你想想看，在那个时代，庄子把人间世这么痛苦的东西描述出来，浪漫吗？一点儿都不浪漫！其实庄子是一个非常有爱心、非常热情的人，他对那个时代的人给予高度的同情，只是他没有能力去改变，只好用其他的方式来述说，让我们有个喘息的空间。法家、儒家、墨家是跳出来要救国救民的，是具体行动的政治家、思想家、宗教家，而道家就完全不同，但是对道家的理想跟热情，绝对是值得我们肯定跟欣赏的。

## 三、贵在实践

最后我想跟各位分享的是，我一直觉得中国哲学、中国文化其实是一种生命的学问，我们不只要去认识生命，更要去实现、创造生命的价值与意义。不是说今天我知道了儒家、墨家、道家的思想就完了，而是要把这些学说，这些生命的智慧，用在我们的身上，进一步去回应、解决当今时代的问题，创造我们的时代价值。这才对得起孔、孟、老、庄嘛！这才对得起韩非啊！从这个角度来看，我们一定要有一个历史文化的传承，从传承中我们才能清晰地认识我们的过去、现在，然后再展望我们的未来。

所以，中国哲学一定是重视实践的，一定要有修养论。如果没有生命的修养，我们读中国哲学就只是隔靴搔痒。唐君毅先生曾经说过，所有中国哲学的内容，如果你理解上有困难的时候都没有关系，先把那个玄之又玄的理论放在一边，你就把它直接放在生活中去体会，大概就会知道它在说什么了。所以，修养论跟功夫论极其重要的意义，就在这个地方。不管是儒、道、墨，还是包括韩非在内的法家，他们都是生命的实践者。他们之所以能提供智慧，是因为他们一直极其认真地面对他们的时代，响应他们的时代。而这个时候，才创造出他们最大的价值跟智慧。

当然，在这个过程里面，先贤们也付出了非常艰辛的代价。

比如说孔子周游列国不被重用，孟子、庄子、韩非也未受重用，虽然李斯曾被重用，但是祸还是福呢？也很难说。李斯最后被腰斩的时候，不是还在叹息吗？我想现在再带着黄狗、猎鹰打猎，这一点儿乐趣也都不可及，人生不是很悲哀吗？这是李斯最后的一个反省。中国文化是一套生命的学问，一种重实践的文化，是要我们真正活出生命、活出尊严、活出价值！其实韩非的思想也不例外。只有从这个地方出发，我们才能够慢慢地真正跟中国文化传统之气实现连接，让我们的生命不再是偶然的。我们的生命太可贵了，有这么多先贤的智慧作为我们的文化 DNA，我们已经有很好的基础来面对、创造一个最值得我们去追求的未来。

虽然我们读韩非的书，但我还是希望各位不要限制在法家思想里面，因为韩非毕竟也只是一曲之士，他的思想非常精彩，但也只是道的一部分，不是全部。所以，我在课程里面也一直提醒各位，随时把道家、儒家甚至把佛教，拿来跟法家来做一个对比，才知道原来人生有这么丰富的智慧，值得我们细细去品味。儒、道、墨、法以及所有的知识，都是人间非常难得的智慧结晶，我们应该敞开心胸，接受所有智慧的邀请。这种时候，你的生命必然是喜悦的。

所以读完《韩非子》之后，希望各位不要再愤世嫉俗了，愤世嫉俗的事儿就交给韩非吧！尤其在面对这个时代的某些不安因素时，要做到安然自处。这一点其实就是在法家之外的儒家、道家、佛家，所给予我们的一种生命上的滋润，这样的生命才可大可久。

再次提醒各位，不要忘记韩非，但也不要忘记，只读法家或完全不读法家，都是生命的一大损失！我们要有义务跟责任，让法家的智慧在 21 世纪重新展现其风华，这是我们作为韩非的知音，所承担的责任与使命。

最后，作为韩非的知音，让我们也以彼此为知音自勉。

道善人文经典文库
让你能知味的中华经典解读丛书

**毓老师作品系列**

| | |
|---|---|
| 毓老师说论语（修订版） | 爱新觉罗·毓鋆讲述 |
| 毓老师说中庸 | 爱新觉罗·毓鋆讲述 |
| 毓老师说庄子 | 爱新觉罗·毓鋆讲述 |
| 毓老师说大学 | 爱新觉罗·毓鋆讲述 |
| 毓老师说老子 | 爱新觉罗·毓鋆讲述 |
| 毓老师说易经（全三卷） | 爱新觉罗·毓鋆讲述 |
| 毓老师说（礼元录） | 爱新觉罗·毓鋆讲述 |
| 毓老师说吴起太公兵法 | 爱新觉罗·毓鋆讲述 |
| 毓老师说公羊 | 爱新觉罗·毓鋆讲述 |
| 毓老师说春秋繁露（上下册） | 爱新觉罗·毓鋆讲述 |
| 毓老师说管子 | 爱新觉罗·毓鋆讲述 |
| 毓老师说孙子兵法（修订版） | 爱新觉罗·毓鋆讲述 |
| 毓老师说易传（修订版） | 爱新觉罗·毓鋆讲述 |
| 毓老师说人物志（修订版） | 爱新觉罗·毓鋆讲述 |
| 毓老师说孟子 | 爱新觉罗·毓鋆讲述 |
| 毓老师说诗书礼 | 爱新觉罗·毓鋆讲述 |

**刘君祖作品系列**

| | |
|---|---|
| 易经与现代生活 | 刘君祖 |
| 易经说什么 | 刘君祖 |
| 易经密码全译全解（全9辑） | 刘君祖 |
| 易断全书（上下） | 刘君祖 |
| 刘君祖经典讲堂（全十卷） | 刘君祖 |
| 人物志详解 | 刘君祖 |

春秋繁露详解　　　　　　　　　刘君祖

孙子兵法新解　　　　　　　　　刘君祖

鬼谷子新解　　　　　　　　　　刘君祖

## 吴怡作品系列

中国哲学史话　　　　　　　张起钧　　吴　怡

禅与老庄　　　　　　　　　　吴　怡

逍遥的庄子　　　　　　　　　吴　怡

易经应该这样用　　　　　　　吴　怡

易经新说——我在美国讲易经　吴　怡

老子新说——我在美国讲老子　吴　怡

庄子新说——我在美国讲庄子　吴　怡

中国哲学关键词50讲（汉英对照）吴　怡

哲学与人生　　　　　　　　　吴　怡

禅与人生　　　　　　　　　　吴　怡

整体生命心理学　　　　　　　吴　怡

碧岩录详解　　　　　　　　　吴　怡

系辞传详解　　　　　　　　　吴　怡

坛经详解　　　　　　　　　　吴　怡

写给大家的中国哲学史　　　　吴　怡

周易本义全译全解　　　　　　吴　怡

## 高怀民作品系列

易经哲学精讲　　　　　　　　高怀民

伟大的孕育：易经哲学精讲续篇　高怀民

智慧之巅：先秦哲学与希腊哲学　高怀民

易学史（三卷）　　　　　　　高怀民

## 辛意云作品系列

论语辛说　　　　　　　　　　辛意云

老子辛说　　　　　　　　　　辛意云

国学十六讲　　　　　　　　　辛意云

美学二十讲　　　　　　　　　辛意云

**其他**

| | |
|---|---|
| 易经与中医学 | 黄绍祖 |
| 论语故事 | （日）下村湖人 |
| 汉字细说 | 林 蔡 |
| 新细说黄帝内经 | 徐芹庭 |
| 易经与管理 | 陈明德 |
| 周易话解 | 刘思白 |
| 道德经画说 | 张 爽 |
| 史记的读法 | 阮芝生 |
| 数位易经（上下） | 陈文德 |
| 从心读资治通鉴 | 张 元 |
| 易经经传全义全解（上下册） | 徐芹庭 |
| 周易程传全译全解 | 黄忠天 |
| 唐诗之巅 | 朱 琦 |

## 人与经典文库（陆续出版）

| | | | | |
|---|---|---|---|---|
| 左传（已出） | 张高评 | | | |
| 史记（已出） | 王令樾 | | | |
| 大学（已出） | 爱新觉罗·毓鋆 | | | |
| 中庸（已出） | 爱新觉罗·毓鋆 | | | |
| 老子（已出） | 吴 怡 | | | |
| | | | | |
| 庄子（已出） | 吴 怡 | 尔 雅 | 卢国屏 | |
| 易经系辞传（已出） | 吴 怡 | 孟 子 | 袁保新 | |
| 韩非子（已出） | 高柏园 | 荀 子 | 周德良 | |
| 说文解字（已出） | 吴宏一 | 孝 经 | 庄 兵 | |
| 诗经 | 王令樾 | 淮南子 | 陈德和 | |
| 六祖坛经 | 吴 怡 | 唐 诗 | 吕正惠 | |
| 碧岩录 | 吴 怡 | 古文观止 | 王基伦 | |
| | | 四库全书 | 陈仕华 | |
| 论 语 | 林义正 | 颜氏家训 | 周彦文 | |
| 墨 子 | 辛意云 | 聊斋志异 | 黄丽卿 | |
| 近思录 | 高柏园 | 汉 书 | 宋淑萍 | |
| 管 子 | 王俊彦 | 红楼梦 | 叶思芬 | |
| 传习录 | 杨祖汉 | 鬼谷子 | 刘君祖 | |

| | | | |
|---|---|---|---|
| 孙子兵法 | 刘君祖 | 元人散曲 | 林淑贞 |
| 人物志 | 刘君祖 | 戏曲故事 | 郑柏彦 |
| 春秋繁露 | 刘君祖 | 楚 辞 | 吴旻旻 |
| 孔子家语 | 崔锁江 | 水浒传 | 林保淳 |
| 明儒学案 | 周志文 | 盐铁论 | 林聪舜 |
| 黄帝内经 | 林文钦 | 抱朴子 | 郑志明 |
| 指月录 | 黄连忠 | 列 子 | 萧振邦 |
| 宋词三百首 | 侯雅文 | 吕氏春秋 | 赵中伟 |
| 西游记 | 李志宏 | 尚 书 | 蒋秋华 |
| 世说新语 | 尤雅姿 | 礼 记 | 林素玟 |
| 老残游记 | 李瑞腾 | 了凡四训 | 李懿纯 |
| 文心雕龙 | 陈秀美 | 高僧传 | 李幸玲 |
| 说 苑 | 殷善培 | 山海经 | 鹿忆鹿 |
| 闲情偶寄 | 黄培青 | 东坡志林 | 曹淑娟 |
| 围炉夜话 | 霍晋明 | …… | |

博学 / 审问 / 慎思 / 明辨 / 笃行
果能此道，虽愚必明，虽柔必强

道
DAOSHAN
善